JN014325

新版 はじめての ポルトガル語

音声DL付き

浜岡 究

はじめに

　本書では、ブラジルでの生活、あるいは日本にいるブラジル人とのコミュニケーションに必要な基本的単語、表現、文法を学べます。アンゴラ、モザンビーク、東ティモールを含む ヨーロッパのポルトガル語との違いにも触れています。

　1日1課を学習すれば、30日でポルトガル語の初歩的な知識が得られます。「学習のポイント」のフレーズの単語を入れ替えて練習でき、実践ミニ会話や単語のまとめで反復練習しながら実力をつけることができます。音声を聞き、しっかり発声しながら練習を繰り返してください。

　本書で学んだ知識をもとに、もっとスムーズに話せるようになりたい方は、姉妹書『たったの72パターンでこんなに話せるポルトガル語会話』（明日香出版社）に進んでください。2冊セットできっとすばらしく有効な学習となります。

そして最終的には、ぜひ日本在住のブラジル人に声をかけたり、哀愁漂うヨーロッパ・リスボン経由で世界的な観光地リオデジャネイロやイグアスの滝を訪れたり、成長が止まない大都会サンパウロのダイナミズムや美食を楽しんでほしいと願っています。今や、すべての路はサンパウロとリオデジャネイロに通じています。

　最後に、いろいろお世話になりましたリオデジャネイロ在勤の安孫子正康氏と東郷穣氏、サンパウロ在勤の佐藤英則氏、同僚 Daniel Lima と宮入亮氏、明日香出版社の皆様、拓殖大学公開講座受講生、品田賢司さんに心より御礼申し上げます。

浜岡 究

※本書はブラジルのポルトガル語（PB）を扱っています。音声も PB です。

目次

はじめに

ポルトガル語のヴァリアント

Part 1 アルファベットと発音

Part 2 日常会話

ポルトガル語のヴァリアント

1　ポルトガル語と規範

　ポルトガル語の通用する範囲は西欧のポルトガルと南米のブラジルをはじめアフリカ大陸からアジアまで広がっています。使用人口は約 1 億 7500 万人、世界 6 位とも言われます。

　ポルトガル語はインド・ヨーロッパ語族に属し、ラテン語から派生したロマンス語系（フランス語、イタリア語、スペイン語、ルーマニア語）の言語です。世界のポルトガル語圏としてポルトガル、カーボ・ヴェルデ、ギニア・ビサウ、サントメ・イ・プリンシペ、アンゴラ、モザンビーク、東ティモール（以上はヨーロッパのポルトガル語、PE を規範としています）とブラジル（PE と較べて独特である一方、独自の文語の規範をうち立てています：PB）があります。

2　ブラジルの口語

　一つの例をあげますと、PB の口語では「私たち」の意味では《nós》のほかに《a gente》が頻繁に用いられ

ます。この名詞《a gente》は 3 人称単数ですから動詞は 3 人称単数形を用いますが、女性名詞にも関わらず、主格補語としては形容詞の男性単数形が用いられ《A gente é japonês. 私たちは日本人です》となります。これは学校文法から見れば破格ですが、こうした独自の口語が PB では発達しています。

3 ポルトガル語の文語、PE / PB について

PE と PB の違いは、音声（発音編参照）、語彙はもとより、統語的面でも無強勢代名詞の位置が異なる、特殊疑問文の語順が異なるなど興味深い対照を見せています。詳しくは彌永史郎著『ポルトガル語四週間』（大学書林、2011 年）p.139, 235-6, etc. 参照。

また、現在分詞の用法にも差があり、現在における進行の状態を表すとき、PE では【estar + a + 不定詞】ですが、PB では【estar + 動詞現在分詞（-ndo）】となります。

ブラジルでも地域によって違いますが PB では 2 人称 tu の動詞活用を用いません。ところが PB では目的語となると 2 人称 te を使用します。

PB では所有詞の前に定冠詞を置きませんが、PE では

置きます。しかし、上記の2人称の動詞活用をするブラジルの一部地域では定冠詞を所有詞の前に置きます。

PBでも所有詞の前に定冠詞をつける人が増えてきています。PE用法とされてきた人名の前に定冠詞をつけることはPBでもあります。

語彙単語の違いについて、「バス」がautocarro（PE）、ônibus（PB）、「トイレ」がcasa de banho（PE）、banheiro（PB）などがあります。

意味の違いについてですが、「車を運転する」はPEではconduzirですが、PBではdirigirとなります。

4 本書の目標

ブラジル（PB）以外のポルトガル語圏では遍くPEが文語の規範と目されています。PBの規範は口語においてはもちろん地域的な揺れがありますし、文語においても無強勢代名詞の位置などをはじめ、様々な面で個人的な揺れが見られます。PBの文語の規範について漏れなく記述するにはより詳細かつ体系的な研究が待たれると言って良いでしょう

本書では、ブラジルやポルトガルに関心を抱いている人が初めてポルトガル語に触れていきながら、なんとか生きていける程度の口語を修得することを目標としています。また必要に応じて PE についても随時コメントしています。

＊本書における動詞時称の呼称は、彌永史郎著『ポルトガル語四週間』（大学書林、2011 年）にしたがっています。

Part 1
アルファベットと発音

　ポルトガル語のアルファベットの読み方、発音の仕方をまず学習しましょう。発音およびアクセントは、サンパウロとリスボンの標準的な発音を表記しています。また、簡単なあいさつ表現や、街で見かける標識・看板なども紹介します。

		読み方			読み方
A	a	[á ア]	N	n	[ene エニ]
B	b	[bê ベー]	O	o	[ó オー]
C	c	[cê セー]	P	p	[pê ペー]
D	d	[dê デー]	Q	q	[quê ケー]
E	e	[ê エー]	R	r	[erre エヒ / エリ]
F	f	[efe エフィ]	S	s	[esse エシ / エス]
G	g	[gê ジェー /guê ゲー]	T	t	[tê テー]
H	h	[agá アガー]	U	u	[u ウー]
I	i	[i イー]	V	v	[vê ヴェー]
J	j	[jota ジョータ]	W	w	[dáblio ダブリウ]
K	k	[cá カー /capa カパ]	X	x	[xis シース]
L	l	[ele エリ]	Y	y	[ípsilon イプシロン]
M	m	[em エミ]	Z	z	[zê ゼー]

※1　ç（**cê cedilhado**）は、あとに母音が続いてサ行の発音になる文字です。

※2　**ch, lh, nh** の複合文字は、あとに母音が続いて、それぞれ「シャ」行、「リャ」行、「ニャ」行に近い音で発音します。

母音

a, e, i, o, u

　a, e, i, o, u の中で、e と o にはそれぞれ é, ê と ó, ô が
あります。

二重母音

ai, ei, au, eu, ui, ou, éi, ói, éu

　二重母音は、一つの母音として一息で発音します。

鼻母音

　母音のうち鼻からも息を抜きながら発音します。

・単鼻母音　　　例　**sim**「はい」
　　　　　　　サンパウロ標準　/sˈiɲ/　　　［シン］
　　　　　　　リスボン標準　　/sˈĩ/　　　　［シィン］

・二重鼻母音　　例　**muito**「とても」
　　　　　　　サンパウロ標準　/mwˈĩ.tʊ/　［ムゥイント］
　　　　　　　リスボン標準　　/mˈũj.tu/　［ムィントゥ］

※以下、発音記号は / サンパウロ /、/ リスボン / の標準の
　発音順で示します。発音記号は Vocabulário Ortográfi-
　co Português にしたがいました。

◀ 子音 ▶

p   **p**on**to** 「地点」
サンパウロ標準　/pˈõ.tʊ/　　　［ポント］
リスボン標準　　/pˈõ.tu/　　　［ポントゥ］

b   **beber** 「飲む」
サンパウロ標準　/be.bˈe/　　　［ベベー（フ）］
リスボン標準　　/bi.bˈeɾ/　　　［ビィンベール］

t   **noite** 「夜」
サンパウロ標準　/nˈoj.tʃi/　　　［ノイチ］
リスボン標準　　/nˈoj.ti/　　　　［ノイトゥ］

d   **verde** 「緑の」
サンパウロ標準　/vˈeɾ.dʒi/　　　［ヴェルジ］
リスボン標準　　/vˈeɾ.di/　　　　［ヴェルドゥ］

f   **frito** 「フライした」
サンパウロ標準　/fɾˈi.tʊ/　　　［フリート］
リスボン標準　　/fɾˈi.tu/　　　［フリートゥ］

v   **vender** 「売る」
サンパウロ標準　/vẽ.dˈe/　　　［ヴェンデー（フ）］
リスボン標準　　/vẽ.dˈeɾ/　　　［ヴェンデール］

m   **manobrar** 「操作する」
サンパウロ標準　/ma.no.bɾˈa/　　［マノブラー（フ）］
リスボン標準　　/mɐ.nu.bɾˈaɾ/　　［ムァヌブラール］

n　**não** 「いいえ」
　　　サンパウロ標準　/nˈə̃w/　　　　［ナウン］
　　　リスボン標準　　/nˈẽw/　　　　［ヌァウン］

q　**quatro** 「4」
　　　サンパウロ標準　/kwˈa.tɾʊ/　　［クゥアトロ］
　　　リスボン標準　　/kwˈa.tɾu/　　［クゥアトゥル］

c　**coco** 「ココナッツ」
　　　サンパウロ標準　/kˈo.kʊ/　　　［コーコ］
　　　リスボン標準　　/kˈo.ku/　　　［コークゥ］

ç　**começar** 「始める」
　　　サンパウロ標準　/ko.me.sˈa/　　［コメサー（フ）］
　　　リスボン標準　　/ku.mi.sˈaɾ/　　［クミィンサール］

g　**língua** 「言語」
　　　サンパウロ標準　/lˈĩ.gwə/　　　［リィングア］
　　　リスボン標準　　/lˈĩ.gwɐ/　　　［リィングゥア］

g　**gabinete** 「執務室」
　　　サンパウロ標準　/ga.bi.nˈe.tʃi/　［ガビネッチ］
　　　リスボン標準　　/gɐ.bi.nˈe.ti/　［グゥアビテットゥ］

j　**Japão** 「日本」
　　　サンパウロ標準　/ʒa.pˈə̃w/　　　［ジャパウン］
　　　リスボン標準　　/ʒɐ.pˈẽw/　　　［ジャプアウン］

l

*語頭の l-

leite 「ミルク」

| サンパウロ標準 | /ˈlej.tʃĩ/ | ［レイチ］ |
| リスボン標準 | /ˈlɐj.ti/ | ［ライトゥ］ |

*語末の -l

Brasil 「ブラジル」

| サンパウロ標準 | /bɾa.zˈiw/ | ［ブラジゥ］ |
| リスボン標準 | /bɾɐ.zˈił/ | ［ブラジル］ |

r

*語頭の r-

recomeçar 「再び始める」

| サンパウロ標準 | /xe.ko.me.sˈa/ | ［ヘコメサー（フ）］ |
| リスボン標準 | /ʀi.ku.mi.sˈaɾ/ | ［リクミィンサール］ |

*語中の -rr-

carro 「車」

| サンパウロ標準 | /kˈa.xʊ/ | ［カーホ］ |
| リスボン標準 | /kˈa.ʀu/ | ［カール］ |

* s,n,l のあとの -r

tenro 「柔らかい」

| サンパウロ標準 | /tˈẽj.hʊ/ | ［ティンホ］ |
| リスボン標準 | /tˈẽ.ʀu/ | ［テンロ］ |

s

＊母音と母音の間の -s

gostoso 「おいしい」

| サンパウロ標準 | /gos.tˈo.zʊ/ | ［ゴストーゾ］ |
| リスボン標準 | /guʃ.tˈo.zu/ | ［ゴシュトーズ］ |

＊有声子音の前の s

mesmo 「同じ」

| サンパウロ標準 | /mˈez.mʊ/ | ［メズモ］ |
| リスボン標準 | /mˈɐʒ.mu/ | ［ムェジュム］ |

＜参考＞ 語末の -s

lápis 「鉛筆」

| サンパウロ標準 | /lˈa.pis/ | ［ラピース］ |
| リスボン標準 | /lˈa.piʃ/ | ［ラピーシュ］ |

＊語中の -ss- と語頭の s-

/s/ の発音。

sucesso 「成功」

| サンパウロ標準 | /su.sˈɛ.sʊ/ | ［スセッソ］ |
| リスボン標準 | /su.sˈɛ.su/ | ［スセッス］ |

z

＊語頭の z-

zona 「地域」
 サンパウロ標準 /zˈo.nə/   ［ゾーナ］
 リスボン標準 /zˈo.nɐ/   ［ゾーヌゥ］

＜参考＞ 語末の -z

   xadrez 「チェス」
   サンパウロ標準 /ʃa.drˈes/ ［シャドレース］
   リスボン標準 /ʃɐ.drˈeʃ/ ［シュァドレーシュ］

x

単語によって、/ʃ/, /s/, /z/, /ks/ ［シュ］［ス］［ズ］
            ［クス / クシュ］

h

＊語頭の h（無音）

hotel 「ホテル」
 サンパウロ標準 /o.tˈɛw/   ［オテウ］
 リスボン標準 /ɨ.tˈɛɫ/   ［ウテル］

Section 3　アクセント

 Track 3

1)　a, e, o で終わる語。

最後から 2 番目の音節にアクセントがあります。

例　**foto**　「写真」

サンパウロ標準　/fˈɔ.tʊ/　　　［フォート］

リスボン標準　　/fˈɔ.tu/　　　［フォートゥ］

2)　上記の 1 以外で終わる語。

（m, ns, s で終わっても）最後の音節にアクセントがあ
ります。

例　**falar**　「話す」

サンパウロ標準　/fa.lˈa/　　　［ファラー（フ）］

リスボン標準　　/fɐ.lˈaɾ/　　　［フゥァラール］

3)　上記以外の場合は、アクセント記号がつきます。

例　**ê**　閉口音を表します。

japonês　「日本人男性、日本語」

サンパウロ標準　/ʒa.po.nˈes/　［ジャポネース］

リスボン標準　　/ʒɐ.pu.nˈeʃ/　［ジュァプネーシュ］

23

<参考>

ã　　鼻音を表します。

Japão　「日本」
　　サンパウロ標準　　/ʒa.pˈõw/　　　［ジャパウン］
　　リスボン標準　　　/ʒɐ.pˈẽw/　　　［ジャプアウン］

á　　鋭音を表します。

água　「水」
　　サンパウロ標準　　/a.gwə/　　　　［アグア］
　　リスボン標準　　　/a.gwɐ/　　　　［アグゥア］

その他：àの ` は、前置詞 a と定冠詞 a などが縮約した文
法の上の記号です。

<付記>
　本書の本文のルビはサンパウロ市の発音を示しています
が、カタカナ表記には限界がありますので音声をよく聴い
てください。なお本書の音声のナレーターはサンパウロ市
出身です。

Section 4

あいさつ

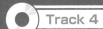

Track 4

おはよう。　　　　　**Bom dia.** 〔午前中〕
　　　　　　　　　　ボン　　ジーア

こんにちは。　　　　**Boa tarde.** 〔午後から〕
　　　　　　　　　　ボア　　タルジ

こんばんは。　　　　**Boa noite.** 〔暗くなってから〕
　　　　　　　　　　ボア　　ノイチ

※これらは別れるときにも使います。

さようなら。　　　　**Até logo.**
　　　　　　　　　　アテー　ロゴ

　　　　　　　　　　Até mais.
　　　　　　　　　　アテー　マイス

　　　　　　　　　　Tchau. 〔親しい間柄〕
　　　　　　　　　　チャウ

また明日。　　　　　**Até amanhã.**
　　　　　　　　　　アテー　アマニャン

　　　　　　　　　　Te vejo amanhã.
　　　　　　　　　　チ　ヴェジョ　アマニャン

良い週末を。　　　　**Bom fim de semana.**
　　　　　　　　　　ボン　フィン　ジ　セマーナ

ありがとう。   Obrigado. 〔男性が言う〕
                         オブリガード

                         Obrigada. 〔女性が言う〕
                         オブリガーダ

お元気ですか？   Tudo bem?
                         トゥードゥ　ベン

　初対面の人に対するあいさつは、Muito prazer ［ムイント　プラゼール］「はじめまして」ですが、ブラジルではあまり形式ばらずに Tudo bem? をよく使います。答え方は Tudo bem. Obrigado/a. です。ちなみに Tudo bem? の Tudo bem. は「万事良好」かどうか、「OK」かどうかの受け答えでも使われます。

26

Section 5 街で見るポルトガル語

Track 5

Banco

バンコ

「銀行」

Farmácia

ファルマーシア

「薬局」

Por quilo

ポル　　　キロ

「量り売りレストラン」

Ponto de taxi

ポント　　ジ　　タクシ

「タクシー乗り場」

※ポルトガルでは Praça de táxi［プラッサ　デ　タクシ］と言います。
　ブラジルの看板の場合は táxi の á のアクセント記号がありません。

Em obras

エン　　オブラス

「工事中」

Pare

パーリ

「止まれ」

Part 2

日常会話

　1日1課ずつ学習し、30日でポルトガル語の重要構文と基本単語が学べるようになっています。それぞれの構文で単語を入れ替えて、話す練習をしましょう。1ヶ月後にはポルトガル語で簡単な会話ができるようになります。

「〜まで、お願いします」の表現

⊙ Track 6

「この住所まで、お願いします」
Até este endereço, por favor.
アテー　エスチ　　エンデレッソ　　ポルファヴォール

英語の please に相当するものが、por favor です。

até は「〜まで」です。

「この」のあとが女性名詞になると este が esta となります。

「この大通りまで、お願いします」

Até esta avenida, por favor.
アテー　エスタ　　アヴェニダ　　　ポルファヴォール

30

基本文法①

冠詞

	定冠詞	不定冠詞
男性名詞につく	o ォ 単数 os ォス 複数	um ゥン 単数 uns ゥンス 複数
女性名詞につく	a ァ 単数 as ァス 複数	uma ゥーマ 単数 umas ゥーマス 複数

名詞の性と数：例外はありますが、語尾が -o で終わるのが男性名詞。-a で終わるのが女性名詞です。

o endereço 男性名詞単数 ／ a avenida 女性名詞単数

複数になると、例外はありますが、語尾に -s をつけます。

os endereços 男性名詞複数 ／ as avenidas 女性名詞複数

指示詞「この〜」「あの〜」「これ」「あれ」

あとに続く名詞の性と数にしたがって変化します。

	男性単数	女性単数	男性複数	女性複数
これ	este エスチ	esta エスタ	estes エスチス	estas エスタス
それ	esse エッシ	essa エッサ	esses エッシス	essas エッサス
あれ	aquele アケーリ	aquela アケーラ	aqueles アケーリス	aquelas アケーラス

性数変化のない指示詞（あとに名詞が続きません）

これ	それ	あれ
isto イスト	isso イッソ	aquilo アキーロ

右ページの単語をあてはめて言ってみましょう！
（ポルトガル語のスクリプトは p.210 に掲載）

Até 〜 , por favor.
「〜まで、お願いします」

● <u>このホテル</u>まで、お願いします。

● <u>このレストラン</u>まで、お願いします。

● <u>このビル</u>まで、お願いします。

● <u>この通り</u>まで、お願いします。

● <u>この家</u>まで、お願いします。

● <u>グアルーリョス空港</u>まで、お願いします。

● <u>パウリスタ大通り</u>まで、お願いします。

● <u>ここ</u>まで、お願いします。

関連単語を覚えよう！　

「〜まで、お願いします」と言うときの、場所を表す単語。
（地図や名詞などを指差しながらでも使えます）

1
日目

● **este hotel**　このホテル
　エスチ　　オテウ

● **este restaurante**　このレストラン
　エスチ　　　ヘスタウランチ

● **este prédio**　このビル、建物
　エスチ　　フレージオ

● **esta rua**　この通り
　エスタ　フーア

● **esta casa**　この家
　エスタ　カーザ

● **o aeroporto de Guarulhos**　グアルーリョス空港
　オ　　アエオボルト　ジ　　グアルーリョス

● **a Avenida Paulista**　パウリスタ大通り
　ア　アヴェニーダ　　パウリスタ

● **aqui**　ここ
　アキー

ミゲルとアナがタクシーに乗って、運転手に行き先を伝え
ます。

ミゲル：Você primeiro, por favor.
　　　　ヴォセー　　プリメイロ　　ポル ファヴォール

アナ　：Muito obrigada.
　　　　ムイント　　オブリガーダ

　　　　Com licença.
　　　　コン　　　リセンサ

ミゲル：Até este endereço, por favor.
　　　　アテー　エスチ　エンデレッソ　　ポル ファヴォール

訳

ミゲル：あなた、最初にどうぞ。

アナ　：どうもありがとう。ちょっと失礼。

ミゲル：この住所まで、お願いします。

34

実践フレーズの説明

● Você　君は ヴォセー
● primeiro　最初に プリメイロ
● por favor　どうぞ ポル　ファヴォール
● Muito obrigada　どうもありがとう ムイント　　オブリガーダ 男性が言うときは Muito obrigado. 口語で男女ともに Valeu. とも言います。
● Com licença　失礼します、ちょっとごめんなさい コン　　リセンサ
● Até　～まで アテー
● este　この エスチ
● endereço　住所 エンデレッソ morada とも言います。

「とても〜ですか？」の表現

「ここからとても遠いですか？」
É muito longe daqui?

エ　ムイント　　ロンジ　　ダキー

　É は動詞 ser の 3 人称単数形です。疑問文は、音声上では最後の単語のもともとアクセントのある音節を強く言います。文字（文章）上では文末に疑問符をつけるだけです。

「ここからとても近いですか？」

É muito perto daqui?
エ　ムイント　　ベルト　　ダキー

基本文法②

人称代名詞と動詞 ser の活用

	人称代名詞	ser の活用
私	eu エウ	sou ソー
君	tu トゥ〔ポルトガル〕	és エス
あなた	você ヴォセー	é エ
彼	ele エーリ	é エ
彼女	ela エーラ	é エ
私たち	a gente アジェンチ〔ブラジルの話し言葉〕	é エ
私たち	nós ノース	somos ソモス
あなたたち	vocês ヴォセース	são サウン
彼ら	eles エーリス	são サウン
彼女ら	elas エーラス	são サウン

婉曲表現で、「あなた」を男性に対して o senhor［オ セニョール］、女性に対して a senhora［ア セニョーラ］ということがあります。複数形はそれぞれ os senhores［オス セニョーレス］、as senhoras［アス セニョーラス］となります。

声を出して練習してみよう！ Track 9

右ページの単語をあてはめて言ってみましょう！
（ポルトガル語のスクリプトは p.210 に掲載）

É muito 〜?
「とても〜ですか？」

● ここからとても<u>遠い</u>ですか？

● ここからとても<u>近い</u>ですか？

● とても<u>おいしい</u>ですか？

● とても<u>値段が高い</u>ですか？

● とても<u>値段が安い</u>ですか？

● とても<u>素敵</u>ですか？

　ここでは、疑問文になっていますが、肯定文で「〜です」
と言う場合は、疑問符をとって最後の単語の音節をあまり強
く言いません。例：É muito longe daqui. ↘「ここからとて
も遠いです」

関連単語を覚えよう！

● **longe daqui**　ここから遠い
ロンジ　　ダキー

● **perto daqui**　ここから近い
ベルト　　ダキー

● **gostoso**　おいしい
ゴストーゾ

● **caro**　値段が高い
カーロ

● **barato**　値段が安い
バラート

● **legal**　素敵な
レガウ

　形容詞 gostoso, caro, barato などは、指し示す名詞が男性
形であれば、語尾が -o ですが、指し示す名詞が女性形だと語
尾が -a とあり、それぞれ、gostosa, cara, barata となります。

タクシー運転手がアナに話しかけます。

運転手：Você é japonesa?
　　　　ヴォセー　エ　ジャポネーザ

アナ　：Sim. Eu sou japonesa.
　　　　シン　　エウ　ソー　　ジャポネーザ

　　　　O estádio é muito longe daqui ?
　　　　オ　エスタジオ　エ　ムイント　ロンジ　ダキー

運転手：É perto. Dez minutos de táxi.
　　　　エ　ペルト　　デス　ミヌトス　ジ　タクシ

訳

運転手：あなたは日本人ですか？

アナ　：はい。私は日本人です。

　　　　スタジアムはここからとても遠いですか？

運転手：近いです。タクシーで10分です。

実践フレーズの説明

● Você　あなた
　ヴォセー

● é　〔動詞 ser の3人称単数（あなた você）の活用〕
　エ

● japonesa　日本人女性
　ジャポネーザ
　日本人男性は japonês
　　　　　　　ジャポネース

● sim　はい　　いいえ：não
　シン　　　　　　　　　ナウン

● sou　〔動詞 ser の1人称単数（私 eu）の活用〕
　ソー

● o estádio　スタジアム
　オ　エスタジオ

● perto　近い
　ペルト

● dez minutos　10分〔複数形〕
　デス　ミヌトス

● de táxi　タクシーで
　ジ　タクシ
　交通手段の表現：de ＋交通手段（metrô［メトロー］「地下鉄」, ônibus［オニブス］「バス」, avião［アヴィアウン］「飛行機」）「徒歩で」は a pé［ア　ペー］と言います。

1から10までの数字　　　　　　　　　　　**Track-11**

1　um ウン / uma ウーマ　2　dois ドイス / duas ドゥアス
3　três トゥレス　4　quatro クアトロ　5　cinco シンコ
6　seis セイス　7　sete セチ　8　oito オイト
9　nove ノヴィ　10　dez デス

「～はどこですか？」の表現

「チケット売り場はどこですか？」
Onde é a bilheteria?
オンジ　エ　ア　ビリェテリーア

　場所をたずねる疑問詞 onde のあとに、すでに学習した é を
つなげると、「～はどこですか？」と表現できます。

　a は、女性名詞 bilheteria（チケット売り場）につく定冠詞
女性形です。

サンパウロ美術館（著者撮影）

42

基本文法③

疑問詞

どこ	onde	オンジ
いつ	quando	クアンド
何	(o) que	(オ) キ／(オ) ケ
どれ	qual	クアウ
だれ	quem	ケン
どのように	como	コモ
どのくらいの	quanto *	クアント

＊性数変化あり

例　　　　　　　　　　　　　　　　　　　　　　　Track-12

・会議はいつですか？　　　　　Quando é a reunião?
　　　　　　　　　　　　　　　クアンド　エア　ヘウニアウン

・それは何ですか？　　　　　　O que é isso?
　　　　　　　　　　　　　　　オ　キ　エ　イッソ

・ワイングラスはどれですか？　Qual é a taça de vinho?
　　　　　　　　　　　　　　　クアウ　エア　タッサ　ジ　ヴィーニョ

・彼女は誰ですか？　　　　　　Quem é ela?
　　　　　　　　　　　　　　　ケン　エ　エーラ

・（女性の）恋人はどんな感じ？　Como é a namorada?
　　　　　　　　　　　　　　　コモ　エ　ア　ナモラーダ

・いくつのバッグ（荷物）ですか？　Quantas malas?
　　　　　　　　　　　　　　　クアンタス　マーラス

右ページの単語をあてはめて言ってみましょう！
（ポルトガル語のスクリプトは p.210 に掲載）

Onde é ～ ?
「～はどこですか？」

- <u>トイレ</u>はどこですか？

- <u>エレベーター</u>はどこですか？

- <u>薬局</u>はどこですか？

- <u>病院</u>はどこですか？

- <u>タクシー乗り場</u>はどこですか？

- <u>バス乗り場</u>はどこですか？

- <u>地下鉄の駅</u>はどこですか？

- <u>レストラン</u>はどこですか？

- <u>レジ</u>はどこですか？

関連単語を覚えよう！

● o banheiro　トイレ
　オ　　バニェエイロ

● o elevador　エレベーター
　オ　　エレヴァドール

● a farmácia　薬局
　ア　　ファルマシア

● o hospital　病院
　オ　　オスピタウ

● o ponto de táxi　タクシー乗り場
　オ　　ポント　ジ　タクシ
　　　　　　　　　　　　※ポルトガルでは a praça de táxi

● o ponto de ônibus　バス乗り場
　オ　　ポント　ジ　　オニブス
　　　　　　　　　　※ポルトガルでは a paragem de autocarro

● a estação de metrô　地下鉄の駅
　ア　エスタサウン　ジ　メトロ
　　　　　　　　　※ポルトガルでは metro〔アクセント記号なし〕

● o restaurante　レストラン
　オ　　ヘスタウランチ

● o caixa　レジ
　オ　カイシャ

　タクシーを降りて、スタジアムに向かって歩き出したミゲルとアナが、チケット売り場を探します。

ミゲル：Onde é a bilheteria?
　　　　オンジ　エ　ア　ビリェテリア

アナ　：Eu não sei....　Ah, aquela é a bilheteria!
　　　　エウ　ナウン　セイ　　　アー　　アケーラ　エ　ア　ビリェテリア

アナ　：Boa tarde!　Duas pessoas, por favor.
　　　　ボア　　タルジ　　ドゥアス　　ペッソアス　　ポル ファヴォール

　　　　Quanto é?
　　　　クアント　　エー

販売員：Vinte reais.
　　　　ヴィンチ　ヘアイス

訳

ミゲル：チケット売り場はどこですか？

アナ　：知らないわ…　あ、あれがチケット売り場よ！

アナ　：こんにちは。2人、お願いします。

　　　　いくらですか？

販売員：20 レアルです。

46

実践フレーズの説明

3日目

● **Onde é 〜？**　〜はどこですか？
　オンジ　エ

● **a bilheteria**　チケット売り場
　ア　　ビリェテリア

● **Eu não sei**　私は知りません（わかりません）
　エウ　ナウン　セイ

● **aquela**　あれ
　アケーラ

● **duas**〔女性形〕　2　　男性形は dois
　ドゥアス　　　　　　　　　　　　　　　　ドイス

● **Quanto é?**　いくらですか？
　クアント　エー

　Quanto custa?　とも言います。
　クアント　クスタ

● **vinte**　20
　ヴィンチ

● **reais**　レアル〔通貨の単位〕
　ヘアイス

　単数形は real［ヘアウ］です。「2レアル」から複数形 reais
　［ヘアイス］になります。

　🔖 real［レアウ］の 100 分の 1 の単位 centavo［センター
　ヴォ］も買い物をする際に必要になります。

---

11 から 20 までの数字　　　　　　　　　　**Track-14**

11	onze	オンジ	12	doze	ドジ
13	treze	トゥレジ	14	quatorze	クアトルジ
15	quinze	キンジ	16	dezesseis	デゼセイス
17	dezessete	デゼセチ	18	dezoito	デゾイト
19	dezenove	デゼノヴィ	20	vinte	ヴィンチ

「〜はありますか？」の表現

「近くにキオスクはありますか？」

Tem um quiosque perto daqui?
テン　　ウン　　　キオスキ　　　ペルト　　ダキー

　「Tem ＋名詞〔単数形でも複数形でも可〕?」の形で、「〜
がありますか？」を表します。

　Tem は、動詞 ter の３人称単数の活用です。主語があれば、
「〜は〜を持っている」という意味になります。

　「彼はパスポートを持っています」

Ele tem passaporte.
エーリ　テン　　　　パサポルチ

　主語がなければ、「〜がある」と存在を表します。否定を表
すには、Não tem［ナウン テン］〜と **não** を動詞の前におき
ます。

48

基本文法④

動詞 ter「ある」「持っている」の活用

	人称代名詞	ter の活用
私	eu エゥ	tenho テーニョ
君	tu トゥ 〔ポルトガル〕	tens テンス
あなた	você ヴォセー	tem テン
彼	ele エーリ	tem テン
彼女	ela エーラ	tem テン
私たち	a gente ア ジェンチ 〔ブラジルの話し言葉〕	tem テン
私たち	nós ノース	temos テモス
あなたたち	vocês ヴォセース	têm テン
彼ら	eles エーリス	têm テン
彼女ら	elas エーラス	têm テン

49

右ページの単語をあてはめて言ってみましょう！
（ポルトガル語のスクリプトは pp.210 ～ 211 に掲載）

Tem ～ ?
「～はありますか？」

- 地図はありますか？

- お金はありますか？

- おつりはありますか？

- 小銭（細かいお金）はありますか？

- クレジットカードはありますか？

- パスポートはありますか？

- サッカーの試合はありますか？

- 空席はありますか？

関連単語を覚えよう！

Tem 〜？ のあとは、基本的に不定冠詞が続きますが、数字の1（um, uma）と混同される恐れがある場合は省略されます。その代わりに不定形容詞 algum［アウグン］、alguma［アウグマ］が使われることがあります。

● **um mapa** ＊　地図　　＊ mapa は男性名詞
　ウン　　マーパ

● **dinheiro**　お金
　ジニェイロ

● **troco**　おつり
　トローコ

● **trocado**　小銭、細かいお金
　トロカード

● **cartão de crédito**　クレジットカード
　カルタウン　ジ　　クレジト

● **passaporte**　パスポート
　パサポルチ

● **um jogo de futebol**　サッカーの試合
　ウン　ジョーゴ　ジ　フチボウ

● **alguma vaga**　空席
　アウグマ　　ヴァーガ

ミゲルがキオスクに行きたいようです。

ミゲル：A propósito, tem um quiosque perto
　　　　ア　　プロポジト　　　テン　ウン　　キオスキ　　ベルト

　　　　daqui?
　　　　ダキー

アナ　：Tem ali à direita.
　　　　テン　アリ　ア　ジレイタ

訳

ミゲル：ところで、近くにキオスクはあるのかな？

アナ　：あそこの右にあるよ。

キオスク（著者撮影）

実践フレーズの説明

● A propósito　ところで
　ア　　　プロポジト

● tem　ある
　テン

● um quiosque　キオスク
　ウン　　キオスキ

● perto daqui　（ここから）近くに
　ペルト　ダキー

● ali　あそこ
　アリ

● à direita　右に
　ア　ジレイタ
　「左に」は、à esquerda［ア エスケルダ］と言います。

53

「私は〜したいです」の表現

◯ Track 18

「私はシュラスコを食べたいです」
Eu quero comer churrasco.

エウ　ケーロ　コメール　シュハスコ

　quero は、動詞 querer「〜がほしい、〜したい」の主語が Eu「私」〔1人称単数〕のときの活用です。

　comer は「食べる」を意味する動詞です。Eu quero のあとに不定詞〔動詞の原形〕がくると「〜したい」となります。

　Eu quero のあとに名詞がくると、「〜がほしい」となります。

「私はシュラスコがほしい」

Eu quero churrasco.

エウ　ケーロ　シュハスコ

　シュラスコは、大きな串に刺したバーベキューのことで、テーブルで好きなだけ切り取ってくれます。現地発音をカタカナで表記するとシュハスコとなります。

基本文法⑤

動詞 querer「〜がほしい、〜したい」の活用

	人称代名詞	querer の活用
私	eu エゥ	quero ケーロ
君	tu トゥ〔ポルトガル〕	queres ケレス
あなた	você ヴォセー	quer ケール
彼	ele エーリ	quer ケール
彼女	ela エーラ	quer ケール
私たち	a gente ア ジェンチ〔ブラジルの話し言葉〕	quer ケール
私たち	nós ノース	queremos ケレーモス
あなたたち	vocês ヴォヤース	querem ケーレン
彼ら	eles エーリス	querem ケーレン
彼女ら	elas エーラス	querem ケーレン

右ページの単語をあてはめて言ってみましょう！
（ポルトガル語のスクリプトは p.211 に掲載）

Eu quero 〜 .
「私は〜したいです」

- 私は<u>飲み</u>たいです

- 私は<u>試し</u>たいです

- 私は<u>訪れ</u>たいです

- 私は<u>休憩し</u>たいです

- 私は<u>病院</u>に行きたいです

- 私は<u>空港</u>に行きたいです

- 私は<u>買い</u>たいです

- 私は<u>出かけ</u>たいです

「〜したくない」場合は Eu não quero 〜となります。

関連単語を覚えよう！ Track 19

- **beber** 飲む
  ベベール

- **experimentar** 試す
  エスペリメンタール

- **visitar** 訪れる
  ヴィジタール

- **descansar** 休憩する
  デスカンサール

- **ir para o hospital** 病院に行く
  イール パラ オ オスピタウ

- **ir para o aeroporto** 空港に行く
  イール パラ オ アエロポルト

- **comprar** 買う
  コンプラール

- **sair** 出かける
  サイール

ミゲルとアナが、夕食のことを話しています。

アナ ： O que você quer comer para o jantar?
　　　　オ　キ　ヴォセー　ケール　コメール　パラ　オ ジャンタール

ミゲル： Hoje, eu quero comer churrasco.
　　　　オージ　エウ　ケーロ　コメール　シュハスコ

アナ ： Você quer beber uma caipirinha?
　　　　ヴォセー　ケール　ベベール　ウーマ　カイピリーニャ

ミゲル： Claro!
　　　　クラーロ

訳

アナ 　：夕食には何を食べたい？

ミゲル：今日は、シュラスコを食べたい。

アナ 　：カイピリーニャを飲みたい？

ミゲル：当然！

実践フレーズの説明

● O que　何 オ　キ
● você quer comer　あなたは食べたい ヴォセー　ケール　コメール
● para o jantar　夕食に 　パラ　オ ジャンタール ここでは名詞ですから定冠詞がついています。 動詞 jantar［ジャンタール］「夕食を食べる」もあります。
● hoje　今日 オージ
● eu quero comer　私は食べたい エウ　ケーロ　コメール
● churrasco　シュラスコ 　シュハスコ
● beber　飲む ベベール
● uma caipirinha　カイピリーニャ ウーマ　カイピリーニャ 〔サトウキビから作った蒸留酒。カシャッサに砂糖とライム、 氷を入れたカクテル〕
● Claro　もちろん クラーロ

「私は〜してもいいですか？」の表現

🔘 **Track 21**

「私は、フェイジョアーダを試してみてもいいですか？」
Eu posso experimentar feijoada?

エウ　　ポッソ　　　エスペリメンタール　フェイジョアーダ

posso は、動詞 poder「〜してもいい、〜できる」の Eu「私」
〔1 人称単数〕の活用です。許可を願うときの表現です。

　そのあとには動詞の原形がきます。ここでは「試す」を意
味する experimentar が続いています。

　「フェイジョアーダ」は、黒豆、肉、ソーセージなどを煮込み、
ご飯にかけていただきます。

基本文法⑥

動詞 poder「〜してもいい、〜できる」の活用

	人称代名詞	動詞 poder の活用
私	eu エウ	posso ポッソ
君	tu トゥ 〔ポルトガル〕	podes ポデス
あなた 彼 彼女 私たち	você ヴォセー ele エーリ ela エーラ a gente ア ジェンチ 〔ブラジルの話し言葉〕	pode ポジ
私たち	nós ノース	podemos ポデーモス
あなたたち 彼ら 彼女ら	vocês ヴォセース eles エーリス elas エーラス	podem ポデン

右ページの単語をあてはめて言ってみましょう！
（ポルトガル語のスクリプトは p.211 に掲載）

Eu posso 〜 ?
「私は〜してもいいですか？」

- 入ってもいいですか？

- それを使用してもいいですか？

- このカードで支払ってもいいですか？

- ここで写真を撮ってもいいですか？

- 一つたずねてもいいですか？

- チェックインしてもいいですか？

- チェックアウトしてもいいですか？

関連単語を覚えよう！

● **entrar**　入る
エントラール

● **usar isso**　それを使用する
ウザール　イッソ

● **pagar com este cartão**　このカードで支払う
パガール　コン　エスチ　カルタウン

● **tirar fotos aqui**　ここで写真を撮る
チラール　フォトス　アキー

● **perguntar uma coisa**　一つたずねる
ペルグンタール　ウマ　コイザ

● **fazer check in**　チェックインする
ファゼール　チェック　イン

● **fazer check out**　チェックアウトする
ファゼール　チェック　アウチ

実践で…

アナとミゲルがブラジルの食事のことを話しています。

ミゲル：Eu posso experimentar feijoada
　　　　エウ　　ポッソ　　エスペリメンタール　　フェイジョアーダ

　　　　amanhã?
　　　　アマニャン

アナ　：Depois de comer churrasco hoje,
　　　　デポイス　ジ　コメール　　シュハスコ　　オージ

　　　　comer feijoada amanhã não é pesado?
　　　　コメール　フェイジョアーダ　アマニャン　ナウン　エ　ペザード

ミゲル：Não tem problema.
　　　　ナウン　テン　プロブレーマ

訳

ミゲル：明日、フェイジョアーダを試してもいい？

アナ　：今日、シュラスコを食べたあとに、

　　　　明日、フェイジョアーダを食べるのは、重くない？

ミゲル：大丈夫だよ。

64

実践フレーズの説明

- **amanhã** 明日
  アマニャン

- **depois de 〜** 〜の後に
  デポイス ジ

- **comer churrasco** シュラスコを食べる（こと）
  コメール　シュハスコ

- **comer feijoada amanhã**
  コメール　フェイジョアーダ　アマニャン
  明日フェイジョアーダを食べる（こと）

- **não é 〜？** 〜でない？
  ナウン エ

- **pesado** 重い
  ペザード

- **Não tem problema.** 大丈夫、問題ない。
  ナウン　テン　プロブレーマ

数字　21から101　　　　　Track-23

21	vinte e um ヴィンチ イ ウン	70	setenta セテンタ
30	trinta トゥリンタ	80	oitenta オイテンタ
40	quarenta クアレンタ	90	noventa ノヴェンタ
50	cinquenta シンクエンタ	100	cem セン
60	sessenta セセンタ	101	cento e um セント イ ウン

＊100以上になると、cento e ［セント イ］〜 の形になります。

「〜してもらえますか？」の表現

○ Track 24

「お水を一杯持って来てもらえますか？」
Você pode **trazer uma água**, por favor?
ヴォセー　　ポジ　トラゼール　ウーマ　アグア　　ポル ファヴォール

　pode は、動詞 poder「〜してもいい、〜できる」の、você「あなた」〔3 人称単数〕の活用です。お願いするときの表現です。pode のあとには動詞の原形が続きます。

　sem gás［セン　ガス］「炭酸なし」、com gás［コン　ガス］「炭酸入り」というフレーズを água のあとにつなげることができるともっといいです。

基本文法⑦

料理法に関する形容詞〔過去分詞〕

　動詞 poder「〜してもいい、〜できる」の活用はすでに紹介しているので、ここでは料理法に関する形容詞〔過去分詞〕を紹介しましょう。

　指し示す名詞が男性形であれば語尾が -o、女性形であれば -a で終わります。

	形容詞〔過去分詞〕
揚げた	frito/a　　フリート（フリータ）
煮た	cozido/a　　コジード（コジーダ） cozinhado/a　　コジニャード（コジニャーダ）
網焼きに（グリル）した	grelhado/a　　グレリャード（グレリャーダ）
フライパンで焼いた	assado/a　　アサード（アサーダ）
薫製にした	defumado/a　　デフマード（デフマーダ）
シチューにした	ensopado/a　　エンソパード（エンソパーダ）
骨を抜いた〔鶏肉など〕	desossado/a　　デソサード（デソサーダ）

右ページの単語をあてはめて言ってみましょう！
（ポルトガル語のスクリプトは p.211 に掲載）

Você pode ～ , por favor?
「～してもらえますか？」

● 働いてもらえますか？

● ディスカウントしてもらえますか？

● 休憩してもらえますか？

● 仕事を終えてもらえますか？

● この服〔複数〕を洗濯してもらえますか？

● ゆっくり走ってもらえますか？　〔タクシーなど〕

● 交換してもらえますか？

● 待ってもらえますか？

　Você pode ～ ? を Você poderia ～ ?［ヴォセ　ポデリーア］
とすると、とても丁寧になります。

関連単語を覚えよう！ Track 25

⬤ **trabalhar** 働く
　　トゥラバリャール

⬤ **fazer desconto** ディスカウントする
　　ファゼール　　デスコント

⬤ **descansar** 休憩する
　　ジスカンサール

⬤ **terminar o trabalho** 仕事を終える
　　テルミナール　オ　トゥラバーリョ

⬤ **lavar estas roupas** この服〔複数〕を洗濯する
　　ラヴァール　エスタス　ホウパス

⬤ **dirigir mais devagar** ゆっくり走る〔タクシーなど〕
　　ジリジール　マイズ　デヴァガール

⬤ **trocar** 交換する
　　トロカール

⬤ **esperar** 待つ
　　エスペラール

アナが、お水を注文します。

アナ ：Você pode **trazer uma água**, por favor?
　　　　ヴォセー　ポジ　トラゼール　ウーマ　アグア　ポル ファヴォール

ウエイター：Sem gás ou com gás?
　　　　　　セン　ガス　オー　コン　ガス

アナ ：Sem gás, por favor.
　　　　セン　ガス　ポル ファヴォール

ウエイター：Tá.
　　　　　　ター

訳

アナ　　　：お水を一つ持って来てもらえますか？

ウエイター：炭酸なしですか、それとも炭酸入りですか？

アナ　　　：炭酸なし、お願いします。

ウエイター：わかりました。

70

実践フレーズの説明

● **Você pode 〜**　〜してもらえますか？
　ヴォセー　ポジ
　📖　Você poderia 〜 ? とすると最も丁寧です。

● **trazer**　持って来る
　トラゼール

● **uma água**　お水を一つ
　ウーマ　　アグア

● **sem gás**　炭酸なし
　セン　ガス

● **ou**　もしくは
　オー

● **com gás**　炭酸入り
　コン　ガス

● **Tá**　了解しました　＊Está bem. の略〔話し言葉〕
　ター　　　　　　　　　　エスター　ベン

　「テイクアウト」は、Para viagem. ［パラ　ヴィアージェン］
と言います。レストランで料理が余ったら、リオデジャネイロ
では Tem quentinho? ［テン　ケンチーニョ］、サンパウロで
は Tem marmitex? ［テン　マルミテクス］と言って、「容器」
に入れてもらいましょう。

　カードで支払うと、Crédito ou débito? ［クレジト　オー
デビト］「クレジット払いですか、それともデビット払いです
か？」と聞かれます。「クレジット」と答えると、À vista ou
parcelado? ［アヴィスタ　オー　パルセラード］「一括ですか、
それとも分割ですか？」と聞かれます。Em dinheiro. ［エン
ジニェイロ］「現金で」も知っておきましょう。

8日目 学習のポイント

「私は〜が痛いです」の表現

「私は、お腹が痛いです」
Eu estou com dor de **barriga**.

エウ　エストー　コン　ドール　ジ　　バヒーガ

　estou は、状態を表す動詞 estar の Eu「私」〔1人称単数〕の活用です。dor は「痛み」を意味する抽象名詞です。de は「〜の」、barriga は「腹部」を意味し、トイレを必要とするような様々なお腹の不調を dor de barriga で表します。つまり「estar com dor de ＋ 〜〔痛い部位〕」の形で「〜が痛いです」を表します。

基本文法⑧

状態を表す動詞 estar の活用

　前課で「了解しました」を意味する話し言葉 Tá は、Está bem. の略だと紹介しました。活用を見ましょう。

	人称代名詞	動詞 estar の活用
私	eu　エウ	estou　エストー
君	tu　トゥ〔ポルトガル〕	estás　エスタス
あなた 彼 彼女 私たち	você　ヴォセー ele　エーリ ela　エーラ a gente　ア ジェンチ〔ブラジルの話し言葉〕	está　エスター
私たち	nós　ノース	estamos　エスターモス
あなたたち 彼ら 彼女ら	vocês　ヴォセース eles　エーリス elas　エーラス	estão　エスタウン

右ページの単語をあてはめて言ってみましょう！
（ポルトガル語のスクリプトは p.212 に掲載）

Eu estou com dor de 〜.
「私は〜が痛いです」

● 私は<u>頭</u>が痛いです。

● 私は<u>目</u>が痛いです。

● 私は<u>喉</u>が痛いです。

● 私は<u>肩</u>が痛いです

● 私は<u>胃</u>が痛いです。

関連単語を覚えよう！

● cabeça 頭
　カベッサ

● olho 目　　　　　　＊ olhos「両目」〔複数形〕
　オーリョ　　　　　　　　 オーリョス

● garganta 喉
　ガルガンタ

● ombros 肩〔両方の肩。複数形〕
　オンブロス

　　　　　　　　＊ ombro「肩」〔片方の肩。単数形〕
　　　　　　　　　 オンブロ

● estômago 胃
　エストーマゴ

---

　dor de 〜 をとって「Eu estou com ＋抽象名詞（眠気、空腹など）」の表現もあります。

例

・私は眠いです。　　　　　　Eu estou com sono.
　　　　　　　　　　　　　　エウ　エストー　コン　ソーノ

・私はお腹が減っています。　Eu estou com fome.
　　　　　　　　　　　　　　エウ　エストー　コン　フォーミ

・私は熱があります。　　　　Eu estou com febre.
　　　　　　　　　　　　　　エウ　エストー　コン　フェブリ

アナがお水を注文したのは、お腹の調子が悪くて、薬を飲みたかったようです。

ミゲル：Você quer tomar um remédio?
ヴォセー　ケール　トマール　ウン　ヘメジオ

アナ　：Eu quero tomar porque estou com dor
エウ　ケーロ　トマール　ポルキ　エストー　コン　ドール

　　　　de barriga.
ジ　バヒーガ

ミゲル：Eu tenho um remédio.
エウ　テーニョ　ウン　ヘメジオ

　　　　Eu te dou.
エウ　チ　ドー

アナ　：Muito obrigada.
ムイント　オブリガーダ

訳

ミゲル：薬を飲みたいの？

アナ　：お腹が痛いから飲みたいの。

ミゲル：僕、薬を持っているよ。

　　　　君にあげるよ。

アナ　：どうもありがとう。

実践フレーズの説明

● **Você quer tomar 〜?** あなたは〜を飲みたいですか？ ヴォセー ケール トマール	
● **um remédio** 薬 ウン ヘメジオ	
● **Eu quero tomar 〜** 私は〜を飲みたいです エウ ケーロ トマール	
● **porque** なぜならば ポルキ	
● **estou com 〜** 私は〜の状態にあります エストー コン ＊主語が明らかな場合は、主語を省略できます。	
● **dor de barriga** 腹痛 ドール ジ バヒーガ	
● **Eu tenho 〜** 私は〜を持っている エウ テーニョ	
● **te** 君に チ ＊動詞の前にきます。	
● **dou** 私は与える ドー ＊原形は dar。「彼は与える」ならば Ele dá になります。	

マトリックス

　ブラジルでは、2 人称の主語 tu は特定地域でしか使われませんが、目的語になると 2 人称が頻繁に使われます。

私に、私を	**me** ミ
君に、君を	**te** チ

「何を私に〜？」の表現

Track 30

「今日は何がおすすめですか？」
O que você me recomenda hoje?

オ　キ　ヴォセー　ミ　　　ヘコメンダ　　　オージ

　O que は「何」、me は「私に」を意味します。recomenda
は、動詞 recomendar「すすめる」の você「あなた」〔3人称
単数〕の活用です。hoje は「今日」です。食事について、お
すすめのものをたずねるときの表現です。

　今まで見てきたように、語尾活用に規則性がない動詞を「不
規則動詞」と呼びます。これに対して語尾活用に規則性があ
る動詞を「規則動詞」と呼びます。
　ここで紹介する recomendar は規則動詞で -ar 動詞と呼び
ます。その他の規則動詞として、-er 動詞、-ir 動詞があります。

基本文法⑨

規則動詞の活用

　-ar 動詞の recomendar「紹介する」、-er 動詞の preencher「記入する」、-ir 動詞の partir「出発する」を紹介しましょう。

	〔-ar 動詞〕recomendar ヘコメンダール	〔-er 動詞〕preencher プレエンシェール	〔-ir 動詞〕partir パルチール
私　eu エウ	recomendo ヘコメンド	preencho プレエンショ	parto パルト
君　tu〔ポルトガル〕トゥ	recomendas ヘコメンダス	preenches プレエンシェス	partes パルチス ※
あなた　você ヴォセー 彼　ele エーリ 彼女　ela エーラ 私たち　a gente ア ジェンチ 〔ブラジルの話し言葉〕	recomenda ヘコメンダ	preenche プレエンシェ	parte パルチ
私たち　nós ノース	recomendamos ヘコメンダモス	preenchemos プレエンシェモス	partimos パルチーモス
あなたたち　vocês ヴォセース 彼ら　eles エーリス 彼女ら　elas エーラス	recomendam ヘコメンダン	preenchem プレエンシェン	partem パルテン

※ポルトガルでは［パルテス］音声ではサンパウロ発音になっています。

右ページの単語をあてはめて言ってみましょう！
（ポルトガル語のスクリプトは p.212 に掲載）

O que você me ～？ 〔動詞3人称単数〕
「何を私に～？」

- 何を私に<u>料理する</u>の？

- 何を私に<u>準備する</u>の？

- 何を私に<u>話す</u>の？

- 何を私に<u>書く</u>の？

- 何を私に<u>与える</u>の？

- 何を私に<u>言う</u>の？

- 何を私に<u>する</u>の？

関連単語を覚えよう！　 Track 31

cozinha　料理する コジニャ	←	cozinhar 〔-ar 動詞〕 コジニャール
prepara　準備する プレパラ	←	preparar 〔-ar 動詞〕 プレパラール
fala　話す ファラ	←	falar 〔-ar 動詞〕 ファラール
escreve　書く エスクレヴィ	←	escrever 〔-er 動詞〕 エスクレヴェール
dá　与える ダー	←	dar 〔不規則動詞〕 ダール
diz　言う ジズ	←	dizer 〔不規則動詞〕 ジゼール
faz　する ファス	←	fazer 〔不規則動詞〕 ファゼール

　前日に薬を飲んだアナが、ミゲルにおすすめの食事を聞いています。

ミゲル：Você está bem hoje?
　　　　ヴォセー　エスタ　ベン　オージ

アナ　：Mais ou menos...
　　　　マイズ　オー　メーノス

　　　　O que você me recomenda hoje?
　　　　オ　キ　ヴォセー　ミ　ヘコメンダ　　オージ

ミゲル：Que tal uma sopa de legumes?
　　　　キ　タウ　ウーマ　ソッパ　ジ　レグーミス

訳

ミゲル：今日は元気？

アナ　：まあまあ…

　　　　今日は何がおすすめ？

ミゲル：野菜スープはどう？

実践フレーズの説明

● **está bem** 元気、大丈夫 エスタ　ベン
● **hoje** 今日 オージ
● **Mais ou menos** まあまあ、大体 マイズ　オー　メーノス
● **O que** 何 オ　キ
● **me** 私に ミ
● **recomenda** ＊ recomendar［ヘコメンダール］「す ヘコメンダ　　　　すめる」の3人称単数の活用。
● **Que tal** 〜はどう？　＊ あとに名詞または動詞原 キ　タウ　　　　　　　　形がきます。
● **uma** 不定冠詞 ウーマ
● **sopa de legumes** 野菜スープ ソッパ　ジ　レグーミス

9
日
目

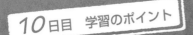
「〜に行きましょうか？」の表現

Track 33

「コルコバードの丘に行きましょうか？」
Vamos para o Morro do Corcovado?
ヴァモス　　パラ　オ　モーホ　ド　　コルコバード

　Vamos para 〜で「〜に行こう」を表します。最後に？が
つくと「〜に行きましょうか？」となります。動詞 vamos の
原形は、「行く」を意味する ir ［イール］です。

　ここでは動詞 ir の活用と、「Vamos ＋動詞の原形＋（？）」で、
「さあ〜しよう（か？）」を学習します。

基本文法⑩

動詞 ir「行く」の活用

　方向「〜に」を表す前置詞 para や a が続くことが多いです。

	人称代名詞	動詞 ir の活用
私	eu　エゥ	vou　ヴォー
君	tu　トゥ〔ポルトガル〕	vais　ヴァイス
あなた 彼 彼女 私たち	você　ヴォセー ele　エーリ ela　エーラ a gente　ア ジェンチ〔ブラジルの話し言葉〕	vai　ヴァイ
私たち	nós　ノース	vamos　ヴァモス
あなたたち 彼ら 彼女ら	vocês　ヴォセース eles　エーリス elas　エーラス	vão　ヴァウン

「（さあ）〜しよう」勧誘の表現

Vamos　　　＋	動詞原形
Vamos　ヴァモス	partir　パルチール　「出発する」
Vamos　ヴァモス	começar　コメサール　「始める」
Vamos　ヴァモス	✕ ir　イール　「行く」＊

　＊「〜に行こう」に限っては、Vamos ir. とは言わずに Vamos. と言います。

右ページの単語をあてはめて言ってみましょう！
（ポルトガル語のスクリプトは p.212 に掲載）

Vamos para ～ ?
「～に行きましょうか？」

● <u>学校</u>に行きましょうか？

● <u>工場</u>に行きましょうか？

● <u>事務所</u>に行きましょうか？

● <u>会社</u>に行きましょうか？

Vamos ～ .
「さあ～しよう」

● さあ<u>朝食</u>をとろう。

● さあ<u>昼食</u>をとろう。

関連単語を覚えよう！　　　Track 34

- **a escola**　学校
  ア　エスコーラ

- **a fábrica**　工場
  ア　ファブリカ

- **o escritório**　事務所
  オ　エスクリトリオ

- **a companhia**　会社
  ア　　　コンパニーア

- **tomar café da manhã**　朝食をとる
  トマール　カフェ　ダ　マニャン
  ＊ポルトガルでは tomar pequeno-almoço ［トマール　ペ
  ケーノアルモッソ］と言います。

- **almoçar**　昼食をとる
  アウモサール

具合が良くなったアナが、出かけたいようです。

アナ　：Para onde vamos agora?
　　　　パラ　　オンジ　　ヴァモス　　アゴラ

ミゲル：Vamos para o Morro do Corcovado?
　　　　ヴァモス　　パラ　オ　モーホ　　ド　　コルコバード

アナ　：Que maravilha!
　　　　キ　　　　マラヴィーリャ

　　　　Vamos partir já!
　　　　ヴァモス　　パルチール　ジャ

訳

アナ　：今からどこに行こうか？

ミゲル：コルコバードの丘に行こうか？

アナ　：なんてすばらしいんでしょう！
　　　　さあ、すぐに出発しよう！

実践フレーズの説明

● **Para onde** どこに パラ　オンジ
● **vamos** （私たちは）行こうか？ ヴァモス
● **agora** 今 アゴラ
● **Vamos para** （私たちは）〜に行こう ヴァモス　パラ
● **o Morro do Corcovado** コルコバードの丘 オ　モーホ　ド　コルコバード
● **Que 〜！** 何て〜なんでしょう！ キ
● **maravilha** すばらしさ マラヴィーリャ
● **Vamos partir** さあ出発しよう、さあ出かけよう ヴァモス　パルチール
● **já** すぐに、ただちに、もう ジャ

「私は～しなくちゃ」の表現

Track 36

「私は、写真を撮らなくちゃ」
Eu tenho que tirar fotos.

エウ　テーニョ　キ　チラール　フォトス

　　tenho は、動詞 ter「持つ」の、eu「私」〔1人称単数〕の活用ですが、そのあとに que または de ＋動詞原形で、「～しなければならない」〔必要性、義務〕を表します。

　　tirar fotos は「写真を撮る」という意味です。fotos は fotografias の短縮したもので、女性形です。

90

基本文法⑪

ter que ＋動詞の原形

必要性、義務を表します。

	ter que	動詞原形
私　eu　エウ	tenho que テーニョ キ／ケ	tirar fotos チラール フォトス
君　tu　トゥ〔ポルトガル〕	tens que　テンズ キ／ケ	tirar fotos チラール フォトス
あなた　você　ヴォセー 彼　ele　エーリ 彼女　ela　エーラ 私たち　a gente　アジェンチ 〔ブラジルの 　　話し言葉〕	tem que　テン キ／ケ	tirar fotos チラール フォトス
私たち　nós　ノース	temos que テモス キ／ケ	tirar fotos チラール フォトス
あなたたち　vocês 　　　　　ヴォセース 彼ら　eles　エーリス 彼女ら　elas　エーラス	têm que　テン キ／ケ	tirar fotos チラール フォトス

右ページの単語をあてはめて言ってみましょう！
（ポルトガル語のスクリプトは p.212 に掲載）

Eu tenho que 〜 .
「私は〜しなくちゃ」

- 私は<u>点呼</u>しなければならない。

- 私は<u>あいさつ</u>しなければならない。

- 私は<u>製品を運ば</u>なければならない。

- 私は<u>文書を渡さ</u>なければならない。

- 私は<u>チェック</u>しなければならない。

- 私は<u>旅を</u>しなければならない。

関連単語を覚えよう！　 Track 37

● **fazer chamada**　点呼する
ファゼール　　シャマーダ

● **cumprimentar**　あいさつする
クンプリメンタール

● **levar os produtos**　製品を運ぶ
レヴァール　オス　プロドゥートス

● **entregar os documentos**　文書を渡す
エントゥレガール　オス　　ドクメントス

● **checar**　チェックする
シェカール
＊ポルトガルでは verificar［ヴェリフィカール］と言います。

● **viajar**　旅をする
ヴィアジャール

アナが写真を撮ろうとしてカメラをリュックから取り出します。

アナ　：Este panorama é muito belo, né?
　　　　エスチ　　パノラマ　　エ　ムイント　ベーロ　ネ

　　　　Eu tenho que tirar fotos.
　　　　エウ　テーニョ　キ　チラール フォトス

ミゲル：Cuidado com a sua câmera!
　　　　クイダード　コン　ア　スア　　カメラ

訳

アナ　：この景色はとても美しいわね。

　　　　写真を撮らなくちゃ。

ミゲル：君のカメラに気をつけて！

実践フレーズの説明

- este panorama　この景色
  エスチ　パノラマ

- muito belo　とても美しい
  ムイント　ベーロ

- né?　〜ね?　　não é? ［ナウン　エ］の略。
  ネ

- tenho que 〜　私は〜しなければならない
  テーニョ　キ

- tirar fotos　写真を撮る
  チラール　フォトス

- cuidado com　〜に気をつけて
  クイダード　コン

- sua câmera　君（あなた）のカメラ　☞下記参照。
  スア　カメラ

所有詞

　名詞の性と数に従い、話者の性とは関係ありません。サンパウロでは所有詞の前に定冠詞をつけないことが多いです。ポルトガルではつけます。

	男性単数	女性単数	男性複数	女性複数
私の	meu メウ	minha ミーニャ	meus メウス	minhas ミーニャス
君の / あなたの〔親しみを強調〕	teu テウ	tua トゥア	teus テウス	tuas トゥアス
彼（女）の、あなたの、君の〔複数あり〕	seu セウ	sua スア	seus セウス	suas スアス
私たちの	nosso ノッソ	nossa ノッサ	nossos ノッソス	nossas ノッサス

「あなたは〜が好きですか？」の表現

「あなたはコパカバーナ海岸が好きですか？」
Você gosta da praia de Copacabana?

ヴォセー　ゴスタ　ダ　プライア　ジ　　コパカバーナ

　gosta は、-ar 動詞 gostar「好き」の você「あなた」〔3 人称単数〕の活用です。「〜が好き」と言うときには「gostar de ＋名詞または動詞原形」となります。ただし、あとに続く名詞が女性名詞であれば、その女性名詞につく定冠詞 a と前置詞 de が 1 語になり、da となります〔縮約〕。

基本文法⑫

定冠詞と前置詞の縮約

定冠詞 o, os, a, as は、前置詞 de, em, a, por などと縮約します。

	de ジ	em エン	a ア	por ポル
o オ	do ド	no ノ	ao アオ	pelo ペロ
os オス	dos ドス	nos ノス	aos アオス	pelos ペロス
a ア	da ダ	na ナ	à ア	pela ペラ
as アス	das ダス	nas ナス	às アス	pelas ペラス

前置詞と指示詞の縮約

前置詞 em, de などは指示詞 este, esse, aquele などと縮約します。

	este エスチ	esse エッシ	aquele アケーリ
em エン	neste ネスチ	nesse ネッシ	naquele ナケーリ
de ジ	deste デスチ	desse デッシ	daquele ダケーリ

右ページの単語をあてはめて言ってみましょう！
（ポルトガル語のスクリプトは pp.212 〜 213 に掲載）

Você gosta de 〜 ?
「あなたは〜が好きですか？」

- あなたは<u>働くこと</u>が好きですか？

- あなたは<u>日本料理</u>が好きですか？

- あなたは<u>海岸を散歩すること</u>が好きですか？

Eu gosto muito de 〜 .
「私は〜がとても好きです」

- 私は<u>あの女の子</u>がとても好きです。

- 私は<u>食べること</u>がとても好きです。

- 私は<u>ポルトガル語を勉強すること</u>がとても好きです。

関連単語を覚えよう！　Track 40

- **trabalhar**　働くこと
  トゥラバリャール

  ＊動詞は名詞化することがあります。

- **da (de + a) comida japonesa**　日本料理
  ダ　　　　　　　　　　コミーダ　　　ジャポネーザ

- **passear pela (por + a) praia**　海岸を散歩すること
  パッシアール　　ペラ　　　　　　　プゥイア

- **daquela (de + aquela) moça**　あの女の子
  ダケーラ　　　　　　　　　　モッサ

- **comer**　食べること
  コメール

- **estudar português**　ポルトガル語を勉強すること
  エストゥダール　　ポルトゥゲース

99

さて、今日は2人はどこに行くのでしょうか？

ミゲル：Aquele morro é o Pão de Açúcar.
アケーリ　モーホ　エ　オ　パウン　ジ　アスーカル

　　　　Você quer subir?
ヴォセ　ケール　スピール

アナ　：Hoje eu quero ir para a praia.
オージ　エウ　ケーロ　イール　パラ　ア　ブライア

ミゲル：Você gosta da praia de Copacabana?
ヴォセー　ゴスタ　ダ　ブライア　ジ　コパカバーナ

アナ　：Sim... Vamos.
シン　ヴァモス

訳

ミゲル：あの岩山はパン・デ・アスーカルだよ。

　　　　登りたい？

アナ　：今日はどこか海岸に行きたいな。

ミゲル：コパカバーナの海岸は好き？

アナ　：うん。行こうよ。

実践フレーズの説明

● **subir** 登る
スビール

● **a praia** 海岸、ビーチ
ア ブライア

● **gosta da** (de + a) 〜が好き
ゴスタ ダ

数字	100 から 3000	Track-41

※ 200 から 900 まで性変化あり

100	cem	セン
200	duzentos/duzentas	ドゼエントス/ドズゼンタス
300	trezentos/trezentas	トゥレゼントス/トストゥレゼンタス
400	quatrocentos/quatrocentas	クアトロセントス/クアトロセンタス
500	quinhentos/quinhentas	キニェントス/キニェンタス
600	seiscentos/seiscentas	セイスセントス/セイスセンタス
700	setecentos/setecentas	セチセントス/セチセンタス
800	oitocentos/oitocentas	オイトセントス/オイトセンタス
900	novecentos/novecentas	ノヴェセントス/ノヴェセンタス
1000	mil	ミウ
2000	dois mil	ドイスミウ
3000	três mil	トゥレスミウ

※表記上では千の位に「.」ponto［ポント］を置き、読む時にそこ以外に e［イ］を入れます。小数点は「,」vírgula［ヴィルグラ］です。

例 2.567 は dois mil quinhentos e sessenta e sete と読
ドイス ミウ キニェントス イ セセンタ イ セッチ
みます。

「あなたは〜する必要があります」
の表現

◯ **Track 42**

「あなたはサンダルを買う必要があります」
Você precisa comprar sandálias.

ヴォセー　　プレシザ　　　コプラール　　　サンダリアス

　precisa は、-ar 動詞 precisar「必要である」の、você「あなた」
〔3人称単数〕の活用です。動詞の原形がそのままつながりま
すが、名詞がくるときは precisar de... と、de を伴います。
　ポルトガルでは基本的に常に de を伴います。

ビーチサンダル店（著者撮影）

基本文法⑬

動詞 precisar「必要である」の活用

	人称代名詞	動詞 precisar の活用
私	eu　エゥ	preciso　プレシゾ
君	tu　トゥ 〔ポルトガル〕	precisas　プレシザス
あなた 彼 彼女 私たち	você　ヴォセー ele　エーリ ela　エーラ a gente　ア ジェンチ 〔ブラジルの話し言葉〕	precisa　プレシザ
私たち	nós　ノース	precisamos　プレシザモス
あなたたち 彼ら 彼女ら	vocês　ヴォセース eles　エーリス elas　エーラス	precisam　プレシザン

右ページの単語をあてはめて言ってみましょう！

（ポルトガル語のスクリプトは p.213 に掲載）

Você precisa 〜 .
「あなたは〜する必要があります」

- あなたは<u>休暇を申請</u>する必要があります。

- あなたは<u>訓練をす</u>る必要があります。

- あなたは<u>注意する</u>必要があります。

- あなたは<u>上司と話す</u>必要があります。

- あなたは<u>すぐに始める</u>必要があります。

- あなたは<u>電話をす</u>る必要があります。

関連単語を覚えよう！ Track 43

● **pedir férias**　休暇を申請する
ペジール　フェリアス

● **treinar**　訓練をする
トゥレイナール

● **tomar cuidado**　注意する
トマール　　クイダード

● **conversar com o chefe**　上司と話す
コンヴェルサール　　コン　オ　シェフィ

● **começar já**　すぐに始める
コメッサール　ジャ

● **telefonar**　電話をする
テレフォナール

コパカバーナの海岸を楽しむにはビーチサンダルが必要ですね。

ミゲル：Você precisa comprar sandálias.
ヴォセー　プレシザ　コンプラール　サンダリアス

アナ　：Eu acho que sim.
エウ　アショ　キ　シン

　　　　Quanto custa?
クアント　クスタ

ミゲル：Não sei.
ナウン　セイ

訳

ミゲル：サンダルを買わなきゃ。

アナ　：そう思うわ。

　　　　いくらかしら？

ミゲル：わからないさ。

実践フレーズの説明

● **Voce precisa** あなたは必要である
ヴォセー　プレシザ

● **comprar** 買う
コンプラール

● **sandálias** （ビーチ）サンダル
サンダリアス

● **Eu acho que sim.** そう思う。
エウ　アショ　キ　シン
＊「そうは思わない」は Eu acho que não.
エウ　アショ　キ　ナウン

● **Quanto custa?** いくらですか？
クアント　クスタ
＊ Quanto é? とも言います。
クアント　エー

● **Não sei.** わかりません、知りません。
ナウン　セイ
＊主語 Eu が省略されています。動詞原形は saber[サベール]。

「どのくらい〜がかかりますか？」の表現

◯ Track 45

「どのくらいの時間がかかりますか？」
Quanto tempo leva?

クアント　　　テンポ　　レーヴァ

quanto tempo は「どのくらいの時間」を意味します。

leva は、-ar 動詞 levar「時間がかかる」の 3 人称単数の活用です。levar には「持って行く、運ぶ」という意味もあります。

基本文法⑭

　ブラジルの会話では、1人称単数と3人称単数で済ますことがあります。

	人称代名詞	動詞 levar の活用
私	eu　エゥ	levo　レヴォ
君	tu　トゥ〔ポルトガル〕	levas　レヴァス
あなた 彼 彼女 私たち	você　ヴォセー ele　エーリ ela　エーラ a gente　ア ジェンチ〔ブラジルの話し言葉〕	leva　レヴァ
私たち	nós　ノース	levamos　レヴァーモス
あなたたち 彼ら 彼女ら	vocês　ヴォセース eles　エーリス elas　エーラス	levam　レヴァン

右ページの単語をあてはめて言ってみましょう！
（ポルトガル語のスクリプトは p.213 に掲載）

Quanto ～ leva? ※
「どのくらい～がかかりますか？」

● 何分くらいかかりますか？　　　ヒント Quantos ～

● 何時間くらいかかりますか？　　ヒント Quantas ～

● 何日くらいかかりますか？　　　ヒント Quantos ～

● 何週間くらいかかりますか？　　ヒント Quantas ～

● 何カ月くらいかかりますか？　　ヒント Quantos ～

● 何年くらいかかりますか？　　　ヒント Quantos ～

※ Quanto は性・数変化があります。

関連単語を覚えよう！　 Track 46

具体的な時間をたずねよう！

14
日目

● **Quantos minutos**　何分
　クアントス　　　ミヌトス

● **Quantas horas**　何時間
　クアンタス　　　オーラス

● **Quantos dias**　何日
　クアントス　ジーアス

● **Quantas semanas**　何週間
　クアンタス　　　セマナス

● **Quantos meses**　何カ月
　クアントス　　メーゼス

● **Quantos anos**　何年
　クアントス　　アーノス

アナがミゲルに、どのくらいの時間歩くのか聞きます。

ミゲル：A gente vai para a praia de Copacabana.
　　　　ア　ジェンチ　ヴァイ　パラ　ア　プライア　ジ　　コパカバーナ

アナ　：Quanto tempo leva?
　　　　クアント　　　テンポ　　レヴァ

ミゲル：Leva apenas dez minutos a pé.
　　　　レヴァ　　アペナス　デズ　ミヌートス　ア　ペ

訳

ミゲル：僕たち、コパカバーナの海岸に行くよ。

アナ　：どのくらいの時間がかかるの？

ミゲル：歩いてほんの10分さ。

実践フレーズの説明

14
日
目

A gente ア　ジェンチ	私たち〔ブラジルの話し言葉〕
vai para ヴァイ　パラ	〜に行く　＊主語が3人称単数の場合。
Quanto tempo クアント　　テンポ	どのくらいの時間
leva レヴァ	かかる
apenas アペナス	ただ、単に　＊só や somente も使われます。 ソ　　ソメンチ
dez minutos デズ　ミヌートス	10分
a pé ア　ペ	歩いて

113

「私は〜しています」の表現

○ Track 48

「私は、何かお土産を探しています」
Eu estou procurando alguma lembrança.
エウ　エストー　　　プロクランド　　　アウグマ　　　レンブランサ

　estou の原形は estar です。estar は 8 日目で学習しました。
procurando は「探す」を意味する動詞 procurar の進行状態「〜しているところ」を表現するとき、-ndo が語尾についたものです。動詞の語尾の -r をとって、-ndo をつけて作ります。

　現在の進行状態を表すのはブラジルでは「estar の活用＋現在分詞（-ndo）」、ポルトガルでは「estar の活用＋ a ＋動詞原形」になります。

基本文法⑮

現在分詞の作り方

規則動詞、不規則動詞ともに語尾の -r をとって -ndo をつけます。

原形	現在分詞
procurar　プロクラール　探す	procurando　プロクランド
vender　ヴェンデール　売る	vendendo　ヴェンデンド
discutir　ジスクチール　議論する	discutindo　ジスクチンド

お土産屋さん（著者撮影）

右ページの単語をあてはめて言ってみましょう！
（ポルトガル語のスクリプトは p.213 に掲載）

Eu estou (--- ndo).
「私は〜しています」

● 私は<u>食事中</u>です。

● 私は<u>シャワーを浴びているところ</u>です。

● 私は<u>調理中</u>です。

● 私は<u>考え中</u>です。

● 私は<u>仕事中</u>です。

● 私は<u>勉強中</u>です。

関連単語を覚えよう！　 Track 49

● **comendo**　食事中
　コメンド

● **tomando chuveiro**　シャワーを浴びているところ
　トマンド　　シュヴェイロ

● **cozinhando**　調理中
　コジニャンド

● **pensando**　考え中
　ペンサンド

● **trabalhando**　仕事中
　トゥラバリャンド

● **estudando**　勉強中
　エストゥダンド

アナがお土産を探しています。何がいいでしょうか？

アナ　：Eu estou procurando alguma lembrança
　　　　エウ　エストー　　プロクランド　　アウグマ　　レンブランサ

　　　　para a família.
　　　　パラ　ア　ファミリア

ミゲル：Que tal as jóias do Brasil?
　　　　キ　タウ アス ジョイアス ド　ブラジウ

　　　　Em Ipanema, tem algumas joalherias
　　　　エン　イパネーマ　　テン　アウグマス　　ジョアリェリーアス

　　　　conhecidas.
　　　　コニェシダス

訳

アナ　：家族に何かお土産を探しているんだけど。

ミゲル：ブラジルの宝石はどう？

　　　　イパネーマには、いくつかの有名な宝石店がある
　　　　よ。

実践フレーズの説明

- **estou procurando** 探しているところです
  エストー　プロクランド

- **alguma lembrança** 何かお土産
  アウグマ　レンブランサ

- **para a família** 家族のために
  パラ　ア　ファミリア

- **Que tal ～?** ～はどう？
  キ　タウ

- **em** ～に〔場所、位置を表す〕
  エン

- **Ipanema** イパネーマ〔リオデジャネイロのイパネマ地区〕
  イパネーマ

- **algumas joalherias** いくつかの宝石店
  アウグマス　ジョアリェリーアス

- **conhecidas** 有名な、知られた　＊famoso/a も使わ
  コニェシダス　　　　　　　　　　　　　　　　れます。

不定形容詞 algum について

　続く名詞の性と数によって、変化します。

	男性形	女性形
＜単数形＞ 何か	algum　アウグン	alguma　アウグマ
＜複数形＞ いくつかの、 数個の	alguns　アウグンズ	algumas　アウグマス

「今日、私は〜です」の表現

🔘 Track 51

「今日、私は疲れています」
Hoje eu estou **cansada**.
オージ　エウ　エストー　　カンサーダ

　estou は、動詞 estar の 1 人称単数の活用です。そのあとに
形容詞がくると「状態」を表します。

　estar com... の用法で「痛み」などを表す言葉は 8 日目に学
習していますので確認してください。

基本文法⑯

形容詞の変化

　形容詞は、名詞の性と数にしたがって変化します。例として cansado「疲れている」を見ましょう。

cansado「疲れている」の変化

	男性形	女性形
＜単数形＞	cansado　カンサード	cansada　カンサーダ
＜複数形＞	cansados　カンサードス	cansadas　カンサーダス

　-e で終わる形容詞は、数の変化のみです。例として contente「満足した」を見てみましょう。

contente「満足した」の変化

	男性形	女性形
＜単数形＞	contente　コンテンチ	contente　コンテンチ
＜複数形＞	contentes　コンテンチス	contentes　コンテンチス

※feliz［フェリース］「幸せな」も数の変化のみです。複数形
　の語尾は -es で、felizes［フェリーゼス］となります。
※形容詞は、基本的に名詞の後ろにおきます。

右ページの単語をあてはめて言ってみましょう！
（ポルトガル語のスクリプトは p.213 に掲載）

Hoje eu estou ～ .
「今日、私は～です」

- 今日、私は<u>病気</u>です。

- 今日、私は<u>調子がいい</u>です。

- 今日、私は<u>幸せ</u>です。

- 今日、私は<u>楽しい</u>です。

- 今日、私は<u>悲しい</u>です。

- 今日、私は<u>満足</u>です。

関連単語を覚えよう！ Track 52

形容詞などを覚えよう！

- **doente**　病気です
  ドエンチ

- **muito bem**　調子がいい
  ムイント　　ベン

- **feliz**　幸せ
  フェリース

- **alegre**　楽しい
  アレグリ

- **triste**　悲しい
  トゥリスチ

- **contente**　満足　　＊ satisfeito/a とも言います。
  コンテンチ　　　　　　　サチスフェイト/タ

アナが少し疲れているようです。

アナ　：Hoje eu estou cansada.
　　　　オージ　エウ　エストー　　カンサーダ

ミゲル：Não vale a pena sair.
　　　　ナウン　ヴァリ　ア　ペーナ　サイール

　　　　Você pode pedir refeição no quarto do
　　　　ヴォセー　　ポジ　　ペジール　ヘフェイサウン　ノ　　クアルト　　ド

　　　　hotel e descansar bem.
　　　　オテウ　イ　デスカンサール　　ベン

訳

アナ　：今日、私は疲れているの。

ミゲル：出かけなくていいよ。

　　　　ホテルの部屋で食事を頼んで、よく休んで。

実践フレーズの説明

● hoje　今日 オージ	
● estou cansada　疲れた エストー　　カンサーダ	＊男性が言う場合は estou cansado
● Não vale a pena　〜する甲斐がない、 ナウン　ヴァリア　ペーナ　　何が何でも〜しなくてもよい	
● sair　出かける、去る サイール	
● pode ＋動詞の原形　〜してください〔依頼、お願い〕 ポジ	
● pedir　注文する、頼む ペジール	
● refeição　食事 ヘフェイサウン	
● no quarto do hotel　ホテルの部屋で ノ　クアルト　ド　オテウ	
● e　そして イ	
● descansar bem　よく休む デスカンサール　　ベン	

曜日			Track-53
月曜日	a segunda-feira	ア	セグンダ　フェイラ
火曜日	a terça-feira	ア	テルサ　フェイラ
水曜日	a quarta-feira	ア	クアルタ　フェイラ
木曜日	a quinta-feira	ア	キンタ　フェイラ
金曜日	a sexta-feira	ア	セスタ　フェイラ
土曜日	o sábado	オ	サバド
日曜日	o domingo	オ	ドミンゴ

「とても〜に見える」の表現

○ Track 54

「とてもおもしろそう」
Parece muito interessante.

パレッシ　ムイント　インテレッサンチ

　Parece は、動詞 parecer「〜に思える（見える）」の３人称単数の活用です。「〜のように思える」の表現のときは、常にParece から始まります。

　「私には」を表すには、Me parece... とか、Para mim, parece... の方法があります。

　interessante は、知的好奇心に訴えるものがある「おもしろい」「興味深い」を意味します。「すてきな」は legal です。微笑ましいときは engraçado を使います。

基本文法⑰

		動詞 parecer の活用
私には	Me ミ	parece interessante パレッシ　インテレッサンチ
	Para mim パラ　ミン	parece interessante パレッシ　インテレッサンチ
君には	Para ti パラ　チ	parece interessante パレッシ　インテレッサンチ
あなたには	Para você パラ　ヴォセー	parece interessante パレッシ　インテレッサンチ
彼には	Para ele パラ　エーリ	parece interessante パレッシ　インテレッサンチ
私たちには	Para a gente パラ　ア　ジェンチ Para nós パラ　ノース	parece interessante パレッシ　インテレッサンチ
あなたたちには	Para vocês パラ　ヴォセース	parece interessante パレッシ　インテレッサンチ
彼らには	Para eles パラ　エーリス	parece interessante パレッシ　インテレッサンチ

右ページの単語をあてはめて言ってみましょう！
（ポルトガル語のスクリプトは p.214 に掲載）

Parece muito ～.
「とても～に思えます（見えます）」

● とても寒そうです。

● とても暑そうです。

● とてもおいしそうです。

● とても楽しそうです。

● とても難しそうです。

● とても簡単そうです。

関連単語を覚えよう！

- **frio**　寒い
  フリーオ

- **quente**　暑い
  ケンチ

- **gostoso**　おいしい
  オストーソ

- **alegre**　楽しい
  アレグリ

- **difícil**　難しい
  ジフィーシウ

- **fácil**　簡単
  ファシウ

ミゲルがコーヒー農園の話をします。

ミゲル：No Vale do Paraíba, tem muitos cafezais.
　　　　　ノ　ヴァーリ　ド　パライーバ　テン　ムイントス　カフェザイス

アナ　：Parece muito interessante.
　　　　　パレッシ　ムイント　インテレッサンチ

　　　　Eu queria visitar lá.
　　　　　エウ　ケリーア　ヴィジタール　ラー

ミゲル：A gente vai visitar hoje.
　　　　　ア　ジェンチ　ヴァイ　ヴィジタール　オージ

訳

ミゲル：ヴァーリ・ド・パライーバには、たくさんのコー
　　　　ヒー農園があるよ。

アナ　：とてもおもしろそうだわ。
　　　　そこを訪れたいわ。

ミゲル：僕たち、今日訪れるよ。

実践フレーズの説明

- **No em+o**

- **Vale do Paraíba**　ヴァーリ・ド・パライーバ
  ヴァーリ　ド　　パライーバ
  ＊サンパウロ州南東部、リオデジャネイロ州南部にあるコー
  ヒー農園で知られた地域。

- **Parece 〜**　〜に思える
  パレッシ

- **muito interessante**　とてもおもしろい、興味深い
  ムイント　　インテレッサンチ

- **Eu queria 〜**　私は〜したい
  エウ　ケリーア
  ＊ queria の原形は querer です。第5日目に学習した
  quero よりも丁寧さ、遠慮、婉曲を表します。

- **visitar**　訪れる
  ヴィジタール

- **lá**　向こう、そこ
  ラー

- **a gente**　私たち〔ブラジルの話し言葉〕
  ア　ジェンチ
  ＊3人称単数の動詞活用が続きます。ここでは vai「行く」〔原
  形 ir〕が続いています。

方位				**Track-56**
北　o Norte	オ　ノルチ		南　o Sul	オ　スウ
東　o Leste	オ　レスチ		西　o Oeste	オ　オエスチ

「私は〜を理解します」の表現

「私は、わかります」
Eu entendo.
エウ　エンテンド

　entendo は、-er 動詞 entender「理解する、わかる」の
1人称単数の活用です。
　「私は、わかりました」は、Eu entendi.
エウ　エンテンジ

コーヒーとクレミ・ジ・パパイア
（著者撮影）

基本文法⑱

-er 動詞の entender「理解する、わかる」の活用

	人称代名詞	動詞 entender の活用
私	eu　エゥ	entendo　エンテンド
君	tu　トゥ 〔ポルトガル〕	entendes　エンテンデス
あなた 彼 彼女 私たち	você　ヴォセー ele　エーリ ela　エーラ a gente　ア　ジェンチ 〔ブラジルの話し言葉〕	entende　エンテンジ
私たち	nós　ノース	entendemos エンテンデモス
あなたたち 彼ら 彼女ら	vocês　ヴォセース eles　エーリス elas　エーラス	entendem　エンテンデン

右ページの単語をあてはめて言ってみましょう！
（ポルトガル語のスクリプトは p.214 に掲載）

Eu entendo ～ .
「私は～を理解します（わかります）」

- 私は<u>日本語</u>がわかります。

- 私は<u>英語</u>がわかります。

- 私は<u>ポルトガル語</u>がわかります。

Eu não entendo ～ .
「私は～を理解しません（わかりません）」

- 私は<u>スペイン語</u>がわかりません。

- 私は<u>ドイツ語</u>がわかりません。

関連単語を覚えよう！

● **japonês** 日本語
ジャポネース

● **inglês** 英語
イングレース

● **português** ポルトガル語
ポルトゥゲース

● **espanhol** スペイン語
エスパニョウ

● **alemão** ドイツ語
アレマウン

アナとミゲルがコーヒー農園を訪れました。

アナ ： Este cafezal é muito grande, né?
エスチ　カフェザウ　エ　ムイント　グランジ　ネ

ミゲル： Trabalhadores trabalham de manhã
トラバリャドーレス　　トラバリャン　ジ　マニャン

cedo até a noite.
セード　アテー　ア　ノイチ

アナ ： Eu entendo.
エウ　エンテンド

O trabalho no cafezal é muito duro.
オ　トラバーリョ　ノ　カフェザウ　エ　ムイント　ドゥロ

訳

アナ ：このコーヒー農園はとても大きいね。

ミゲル：労働者は早朝から夜まで働くんだ。

アナ ：私は、わかるわ。

コーヒー農園の仕事はとても辛いのね。

実践フレーズの説明

● **Este cafezal**　このコーヒー農園 エスチ　カフェザウ
● **grande**　大きい グランジ
● **né?**　「〜ね」　※ não é? の略 ネ
● **Trabalhadores**　労働者　※単数形は trabalhador
● **trabalham**　働く　※原形は trabalhar トラバリャン
● **de manhã cedo**　早朝から ジ　マニャン　セード
● **até a noite**　夜まで アテー　ア　ノイチ
● **Eu entendo.**　私はわかります。 エウ　エンテンド
● **O trabalho**　仕事 オ　トラバーリョ
● **no**　em＋o ノ
● **duro**　硬い、辛い、厳しい ドゥロ

「私は〜すべきです」の表現

Track 60

「私は、ベント・ゴンサルヴェスに行くべきです」
Eu devo ir para Bento Gonçalves.
エウ　デヴォ イール パラ　　　ベント　　　ゴンサウヴェス

　devo は、-er 動詞 dever「〜すべきだ」の 1 人称単数の活用です。義務的、法律遵守をいうほどの厳格さがあります。そのあとには動詞原形がつながります。ir para 〜 は「〜に行く」です。

　Bento Gonçalves は、ブラジル南部リオ・グランデ・ド・スル州の町。イタリア系の人が多く、ワイン生産で知られます。

基本文法⑲

-er 動詞の dever「〜すべきだ」の活用

	人称代名詞	動詞 dever の活用
私	eu エウ	devo デヴォ
君	tu トゥ 〔ポルトガル〕	deves デヴェス
あなた 彼 彼女 私たち	você ヴォセー ele エーリ ela エーラ a gente ア ジェンチ 〔ブラジルの話し言葉〕	deve デヴェ
私たち	nós ノース	devemos デヴェモス
あなたたち 彼ら 彼女ら	vocês ヴォセース eles エーリス elas エーラス	dcvem デヴェン

右ページの単語をあてはめて言ってみましょう！
（ポルトガル語のスクリプトは p.214 に掲載）

Eu devo ～.
「私は～すべきだ」

● 私は<u>ダイエットをする</u>べきだ。

● 私は<u>しっかりと働く</u>べきだ。

● 私は<u>しっかりと勉強する</u>べきだ。

● 私は<u>法律を守る</u>べきだ。

● 私は<u>試験に合格する</u>べきだ。

関連単語を覚えよう！　

いろいろな表現を覚えよう！

19
日目

> ● **fazer regime**　ダイエットをする
> 　　ファゼール　ヘジーミ
> 　※ fazer dieta ［ファゼール　ジエタ］とも言います。
>
> ● **trabalhar bem**　しっかりと働く
> 　　トゥラバリャール　ベン
>
> ● **estudar bem**　しっかりと勉強する
> 　　エストゥダール　ベン
>
> ● **respeitar as leis**　法律を守る
> 　　ヘスペイタール　アス　レイス
>
> ● **passar no exame**　試験に合格する
> 　　パッサール　ノ　エザミ

ブラジル南部にはワイン用のブドウ栽培地があります。

アナ ： Eu devo ir para Bento Gonçalves.
エウ　デヴォ イール パラ　　ベント　　ゴンサウヴェス

Tem muitas vinhas.
テン　　ムイタス　　ヴィニャス

ミゲル： Tem.
テン

Quando a gente vai lá de trem, eles
クアンド　ア ジェンチ ヴァイ ラー ジ トゥレン エーリス

servem os vinhos na plataforma da
セルヴェン オス ヴィーニョス ナ　　プラタフォルマ　 ダ

estação.
エスタサウン

アナ ： Que bom!
キ　　ボン

訳

アナ ：私は、ベント・ゴンサルヴェスに行くべきだわ。
たくさんのワイン用ブドウ畑があるの。

ミゲル：あるよ。僕たちがそこに電車で行くと、駅のプラットフォームで、ワインを出してくれるんだ。

アナ ：なんてすばらしい！

実践フレーズの説明

● **devo ir para 〜** 　私は〜に行くべきだ 　　デヴォ イール パラ	
● **Tem** 　ある 　　テン	
● **muitas vinhas** 　たくさんのブドウ畑 　　ムイタス 　ヴィニャス	
● **Quando** 　〜のとき 　　クアンド	
● **a gente vai lá** 　私たちが向こうに行く 　ア 　ジェンチ 　ヴァイ ラー	
● **de trem** 　電車で 　ジ トゥレン	
● **eles** 　彼ら 　※主語の不確定として使われることがあります。 　エーリス	
● **servem** 　（食べ物や飲み物を）出す 　※原形は servir 　セルヴェン	
● **os vinhos** 　ワイン 　オス ヴィーニョス	
● **na** 　em ＋ a 　ナ	
● **plataforma** 　プラットフォーム 　プラタフォルマ	
● **da** 　de ＋ a 　〜の 　ダ	
● **estação** 　駅 　エスタサウン	
● **Que** 　※あとに名詞や形容詞をつなげて感嘆文を作ります。 　キ	
● **bom** 　良い、すばらしい 　ボン	

「〜を知っていますか？」の表現

○ Track 63

「オーロ・プレートを知っていますか？」
Você conhece Ouro Preto ?

ヴォセー　　コニェッシ　　オーロ　　プレート

conhece は、動詞 conhecer「（経験を通じて）知っている」
の3人称単数の活用です。

ここで「経験を通じて」というのは、実際に「行ったこと
がある」「見たことがある」「会ったことがある」など、状況
に応じて日本語表現が変わってきます。

Ouro Preto はミナスジェライス州にある金鉱で栄えた町
で、世界遺産に登録されています。

基本文法⑳

動詞 conhecer「（経験を通じて）知っている」の活用

	人称代名詞	動詞 conhecer の活用
私	eu エウ	conheço コニェッソ
君	tu トゥ 〔ポルトガル〕	conheces コニェッシス
あなた 彼 彼女 私たち	você ヴォセー ele エーリ ela エーラ a gente ア ジェンチ 〔ブラジルの話し言葉〕	conhece コニェッシ
私たち	nós ノース	conhecemos コニェセモス
あなたたち 彼ら 彼女ら	vocês ヴォセース eles エーリス elas エーラス	conhecem コニェセン

右ページの単語をあてはめて言ってみましょう！

（ポルトガル語のスクリプトは p.214 に掲載）

Você conhece ～?
「あなたは～を知っていますか？」

● あなたは<u>ブラジル</u>を知っていますか？

● あなたは<u>ポルトガル</u>を知っていますか？

● あなたは<u>いい日本食レストラン</u>を知っていますか？

● あなたは<u>あの人</u>を知っていますか？

● あなたは<u>リオのカーニバル</u>を知っていますか？

関連単語を覚えよう！

- o Brasil　ブラジル
  オ　ブラジウ

- Portugal　ポルトガル
  ポルトガウ

- um bom restaurante japonês
  ウン　ボン　ヘスタウランチ　ジャポネス
  いい日本食レストラン

- aquela pessoa　あの人
  アケーラ　ペッソア

- o Carnaval do Rio　リオのカーニバル
  オ　カルナヴァウ　ド　ヒオ

アナがガイドブックを見ながら、どこに行くか、町の話を
しています。

アナ ： Você conhece Ouro Preto?
ヴォセー　　コニェシ　　オーロ　プレート

ミゲル： Eu já conheço muito bem.
エウ　ジャ　コニェッソ　　ムイント　　ベン

A cidade é um Patrimônio da
ア　シダージ　エ　ウン　　パトリモニオ　　ダ

Humanidade.
ウマニダージ

訳

アナ　：オーロ・プレートに行ったことはある？

ミゲル：もう、とてもよく知っているよ。

その町は世界遺産なんだ。

実践フレーズの説明

● **Você conhece** あなたは知っている
ヴォセー　コニェシ

● **Eu já conheço** 私はすでに知っている
エウ　ジャ　コニェッソ

● **muito bem** とてもよく
ムイント　ベン

● **A cidade** その町
ア　シダージ

● **é ～** ～です
エ

● **um Patrimônio da Humanidade** 世界遺産
ウン　パトリモニオ　ダ　ウマニダージ

Track 65

月

1月	janeiro	ジャネイロ	7月	julho	ジューリョ
2月	fevereiro	フェヴェレイロ	8月	agosto	アゴスト
3月	março	マルソ	9月	setembro	セテンブロ
4月	abril	アブリウ	10月	outubro	オートゥーブロ
5月	maio	マイオ	11月	novembro	ノヴェンブロ
6月	junho	ジューニョ	12月	dezembro	デゼンブロ

「〜はどうですか？」の表現

Track 66

「ヴィトリアはどんな所ですか？」
Como é Vitória?

コモ　エ　ヴォトリア

　Como é 〜？で「〜はどう？　どんな感じ？」を表します。

　Vitória はエスピリト・サント州の州首都で、大きな貿易港
があります。ミナス・ジェライス州で採掘された鉄鉱石の多
くは列車でここまで運ばれて、船で目的地に運ばれます。

基本文法㉑

Como を使った言い回し

Como é 〜 ? コモ　エ	〜はどんな感じ？
Como estão 〜 ? コモ　エスタウン	〜は元気？　どうしているの？
Como a gente vai? コモ　ア ジェンチ ヴァイ	どうやって行こうか？
Como chegar コモ　シェガール	アクセスマップなどでの道順※
Como contatar コモ　コンタタール	連絡方法※
Como baixar コモ　バイシャール	ダウンロードの仕方※

　※動詞の原形をつなげることによって「〜の仕方、方法」
となります。

サンパウロ・コンゴーニャス空港
（著者撮影）

右ページの単語をあてはめて言ってみましょう！
（ポルトガル語のスクリプトは p.214 に掲載）

Como é ～?
「～はどう？　どんな感じ？」

- 動物園はどんな感じ？

- 植物園はどんな感じ？

- あなたの彼女（恋人）はどんな感じ？

- あなたの彼氏（恋人）はどんな感じ？

- あなたの仕事はどう？

- あなたの勉強はどう？

関連単語を覚えよう！ Track 67

● **o jardim zoológico**　動物園
オ　ジャルジン　　ズーロジコ

● **o jardim botânico**　植物園
オ　ジャルジン　　ボターニコ

● **a sua namorada**　あなたの彼女
ア　スア　　ナモラーダ

● **o seu namorado**　あなたの彼氏
オ　セウ　　ナモラード

● **o seu trabalho**　あなたの仕事
オ　セウ　　トゥラバーリョ

● **o seu estudo**　あなたの勉強
オ　セウ　　エストゥード

ミゲルとアナがエスピリト・サント州の話をしています。

ミゲル：Você pode experimentar moqueca
　　　　ヴォセー　ポジ　エスペリメンタール　モケカ

　　　　capixaba em Vitória.
　　　　カピシャバ　エン　ヴィトリア

アナ　：Como é Vitória?
　　　　コモ　エ　ヴィトリア

　　　　Que tipo de comida é moqueca?
　　　　キ　チポ　ジ　コミーダ　エ　モケカ

訳

ミゲル：ヴィトリアでは、エスピリト・サント風モケッ
　　　　カを試してみて。

アナ　：ヴィトリアって、どんな感じ？
　　　　モケッカって、どんなタイプの料理？

実践フレーズの説明

● Você pode ～　～してください
ヴォセー　ポジ

● experimentar　試す
エスペリメンタール

● moqueca　ココナツミルクで魚介を煮た鍋料理
モケカ

● capixaba　エスピリト・サント州の
カピシャバ

● Como é ～ ?　～はどう？
コモ　エ

● Vitória　ヴィトリア〔地名。エスピリト・サント州の州首都〕
ヴィトリア

● Que tipo de ～　どんなタイプの～
キ　　チポ　ジ

155

「私は〜をとても気に入りました」の表現

🔘 **Track 69**

> ## 「私は、サルヴァドールをとても気に入りました」
> ## Eu gostei muito de **Salvador**.
> エウ　ゴステイ　ムイント　ジ　サウヴァドール

　gostei は、-ar 動詞 gostar「好む、好き」の 1 人称単数過去形です。

　「〜が好き」と言うときは、de を伴います。そのあとは、名詞または動詞原形がつながります。

　規則動詞の現在形の活用は、9 日目で学習しました。ここでは規則動詞の過去形の活用を紹介しましょう。

基本文法㉒

gostar（好む）、entender（理解する）、partir（出発する）の
活用〔過去形〕

人称代名詞	-ar 動詞 gostar	-er 動詞 entender	-ir 動詞 partir
私	gostei ゴスティ	entendi エンテンジ	parti パルチ
君	gostaste ゴスターステ	entendeste エンテンデステ	partiste パルチステ
あなた 彼 彼女 私たち	gostou ゴストー	entendeu エンテンデウ	partiu パルチウ
私たち	gostamos ゴスタモス gostámos ゴスターモス 〔ポルトガル〕	entendemos エンテンデモス	partimos パルチモス
あなたたち 彼ら 彼女ら	gostaram ゴスターラン	entenderam エンテンデーラン	partiram パルチーラン

右ページの単語をあてはめて言ってみましょう！

（ポルトガル語のスクリプトは p.215 に掲載）

Eu gostei (muito) de ～.
「私は～して（とても）良かったです」

※定冠詞と de が縮約して do, da などになる場合があります。

● あなたがたと知り合えて（とても）良かったです。

● あなたがたとお話しして（とても）良かったです。

● あなたがたと仕事をして（とても）良かったです。

● 夕食は（とても）良かったです。

関連単語を覚えよう！　

22
日目

● **conhecer vocês**　あなたがたと知り合う（こと）
コニェセール　　ヴォセース

● **conversar com vocês**　あなたがたとお話する（こと）
コンヴェルサール　　コン　　ヴォセース

● **trabalhar com vocês**　あなたがたと仕事をする（こと）
トゥラバリャール　　コン　　ヴォセース

● **do(de+o) jantar**　夕食
ド　　　　　　　ジャンタール

アナは結局、ひとりでバイーア州のサルヴァドールに行ってきたようです。

アナ　：As cidades próximas e as praias são
　　　　　アス　　シダージス　　　プロッシマス　　イ　アス　プライアス　サウン

　　　　lindas.
　　　　リンダス

　　　　Eu gostei muito de Salvador.
　　　　エウ　　ゴステイ　　ムイント　　ジ　　サウヴァドール

ミゲル：Tem moqueca mas de modo diferente.
　　　　テン　　　モケッカ　　　マス　　ジ　　モード　　ジフェレンチ

　　　　Você já comeu?
　　　　ヴォセー　ジャ　　コメウ

訳

アナ　：近くの町や海岸は美しい。

　　　　サルヴァドールをとても気に入ったわ。

ミゲル：モケッカがあるけど、ちょっと違う。

　　　　食べたの？

160

実践フレーズの説明

● **As cidades** 町〔複数形〕
アス　シダージス

● **próximas** 近くの
プロッシマス

● **e** そして
イ

● **as praias** 海岸、ビーチ、砂浜
アス　プライアス

● **são** ※動詞 ser の3人称複数の活用
サウン

● **lindas** 美しい〔複数形〕
リンダス

● **Eu gostei muito de** 私は、〜をとても気に入った
エウ　ゴステイ　ムイント　ジ

● **Tem moqueca** モケッカ料理がある
テン　モケッカ

● **mas** しかし
マス

● **de modo diferente** 違った方法で
ジ　モード　ジフェレンチ

● **Já** すでに
ジャ

● **comeu** 食べた〔動詞 comer の3人称単数・過去形〕
コメウ

161

23日目 学習のポイント

「私は〜するでしょう」の表現

Track 72

「私は、他の町を訪れます」
Eu vou conhecer outras cidades.

エウ　ヴォー　　コニェセール　　オートラス　　シダージス

　「Eu vou ＋動詞原形」で「私は（近い将来に）〜するだろう」
〔近接未来〕を表します。ここでは動詞 conhecer「知る」が続
いています。いずれの動詞も、10日目と 20日目ですでに出て
きています。

　outras cidades は「他の町」〔複数形〕です。outras は形容詞で、
あとの名詞の性と数にしたがって変化しています。

基本文法㉓

「動詞 ir の活用＋動詞原形」で「（近い将来に）～するだろう」

	人称代名詞	ir の活用＋動詞原形
私	eu エウ	vou ＋動詞原形 ヴォー
君	tu トゥ 〔ポルトガル〕	vais ＋動詞原形 ヴァイス
あなた 彼 彼女 私たち	você ヴォセー ele エーリ ela エーラ a gente ア ジェンチ 〔ブラジルの話し言葉〕	vai ＋動詞原形 ヴァイ
私たち	nós ノース	vamos ＋動詞原形 ヴァモス
あなたたち 彼ら 彼女ら	vocês ヴォセース eles エーリス elas エーラス	vão ＋動詞原形 ヴァウン

outro「他の」の変化

	単数	複数
男性	outro オートロ	outros オートロス
女性	outra オートラ	outras オートラス

163

右ページの単語をあてはめて言ってみましょう！
（ポルトガル語のスクリプトは p.215 に掲載）

Eu vou 〜.
「私は（近い将来に）〜するでしょう」

- 私は（近い将来に）ブラジルを訪れるでしょう。

- 私は（近い将来に）ブラジルで働くでしょう。

- 私は（近い将来に）ブラジル人と働くでしょう。

- 私は（近い将来に）ポルトガル語を覚えるでしょう。

- 私は（近い将来に）車を買うでしょう。

関連単語を覚えよう！　

● visitar o Brasil　ブラジルを訪れる
　ヴィジタール　オ　ブラジウ

● trabalhar no Brasil　ブラジルで働く
　トゥラバリャール　ノ　ブラジウ

● trabalhar com brasileiros　ブラジル人と働く
　トゥラバリャール　コン　ブラジレイロス

● aprender português　ポルトガル語を覚える
　アプレンデール　ポルトゥゲース

● comprar um carro　車を買う
　コンプラール　ウン　カーホ

アナが、どうやら、もっと他の町にも行きたいようです。

ミゲル：O que você deseja?
オ　キ　ヴォセー　デゼージャ

アナ　：Eu vou conhecer outras cidades.
エウ　ヴォー　コニェセール　オートラス　シダージス

A minha viagem vai continuar ainda
ア　ミーニャ　ヴィアージェン ヴァイ　コンチヌアール　アインダ

mais.
マイス

訳

ミゲル：どうしたいの？

アナ　：私は、他の町を訪れるわ。

私の旅はまだずっと続くでしょう。

実践フレーズの説明

● **O que você deseja?** どうしたい？
オ キ ヴォセー デゼージャ

ここでは「どうしたい？」と聞いていますが、レストランや
店舗などでは「何になさいますか？」や「ご用件は？」の
決まり文句として使われます。deseja は -ar 動詞 desejar「望
む、欲しい」の３人称単数の活用です。

● **Eu vou conhecer** 私は、訪れるでしょう
エウ ヴォー コニェセール

〔近い将来の事柄を表す表現〕

● **outras cidades** 他の町
オートラス シダージス

● **A minha viagem** 私の旅
ア ミーニャ ヴィアージェン

● **vai continuar** 続くでしょう
ヴァイ コンチヌアール

〔近い将来の事柄を表す表現〕

● **ainda** まだ
アインダ

● **mais** もっと、ずっと
マイス

「何時に〜しますか？」の表現

◯ Track 75

「何時に飛行機は出発しますか？」
A que horas o avião vai partir?

ア　キ　　オーラス　オ　アヴィアウン　ヴァイ パルチール

A que horas は「何時に」を表します。

　そのあとは、ここでは近い将来を表す言い回しの「ir＋動詞の原形」の文章がつながっています。vai partir が「出発するだろう」という近い将来を表す言い回しですね。

〈答え方の例〉

「1時（に）」À uma (hora).
　　　　　ア　ウーマ　（オーラ）

「1時〜分（に）」À uma e 〜 ．　〜には「〜分」を表す数字がきます。
　　　　　　　ア　ウーマ イ

「1時20分（に）」À uma (hora) e vinte (minutos).
　　　　　　　ア　ウーマ　（オーラ）イ　ヴィンチ　　ミヌートス

hora も minutos も省略可能です。

2時以降は、「Às ＋ "〜時" を表す数字＋ e ＋ "〜分" を表す数字」です。

「3時40分（に）」Às três e quarenta.
　　　　　　　アス トゥレースイ　クアレンタ

いずれも「〜時〜分（に）」のときは、e でつなぎます。

基本文法㉔

A que horas ＋文章？「何時に〜しますか？」と聞かれた
ときの答え方の例。

	時間の言い方
1時	À uma. ア ウーマ
1時台	À uma e 〜〔数字〕. ア ウーマ イ
2時	Às duas. アス ドゥアス
2時〜分	Às duas e 〜〔数字〕. アス ドゥアス イ
〜時〜分 ※2時以降	Às 〜〔数字〕e 〜〔数字〕. アス　　　　　イ

昼の「正午に」は、Às doze horas. または Ao meio-dia.
　　　　　　　　　アス ドージ オーラス　　　　　　アオ メイオ ジーア

夜の「0時に」には、À zero hora. または À meia-noite.
　　　　　　　　　ア ゼーロ オーラ　　　　　ア メイア ノイチ

「30分」は trinta［トゥリンタ］のほかに、「半分」の意味の
meia［メイア］も使われます。

　例えば「4時半」であれば、Às quatro e trinta. のほかに、
　　　　　　　　　　　　　　アス クアトロ イトゥリンタ

Às quatro e meia. とも言います。
アス クアトロ イ メイア

169

右ページの単語をあてはめて言ってみましょう！

（ポルトガル語のスクリプトは p.215 に掲載）

A que horas ～？
「何時に～しますか？」

● 何時に<u>バスが到着し</u>ますか？

● 何時に<u>レストランが開き</u>ますか？

● 何時に<u>美術館が閉まり</u>ますか？

● 何時に<u>私たちがホテルを出発し</u>ますか？

● 何時に<u>始まり</u>ますか？

● 何時に<u>終わり</u>ますか？

関連単語を覚えよう！　 Track 76

● o ônibus vai chegar　バスが到着する
　オ　オニブス　ヴァイ　シェガール

● o restaurante vai abrir　レストランが開く
　オ　ヘスタウランチ　ヴァイ アブリール

● o museu vai fechar　美術館が閉まる
　オ　ムゼウ　ヴァイ フェッシャール

● a gente vai partir do hotel　私たちがホテルを
　ア　ジェンチ　ヴァイ パルチール　ド　オテウ　出発する

● vai começar　始まる
　ヴァイ　コメッサール

● vai terminar　終わる
　ヴァイ　テルミナール

アナとミゲルがブラジリアに出発します。アナが空港職員
に質問します。

アナ：A que horas o avião vai partir para
　　　ア　キ　オーラス　オ アヴィアウン ヴァイ パルチール　パラ

　　　Brasília?
　　　ブラジリア

職員：Às　13　horas e 10 minutos.
　　　アス トゥレージ　オーラス　イ デス　ミヌートス

アナ：Em que portão a gente vai embarcar?
　　　エン　キ　ポルタウン　ア ジェンチ　ヴァイ　エンバルカール

職員：No portão número 4.
　　　ノ　ポルタウン　ヌメロ　クアトロ

訳

アナ：何時に飛行機はブラジリアに出発しますか？

職員：13 時 10 分です。

アナ：どのゲートから私たちは搭乗しますか？

職員：4 番ゲートです。

実践フレーズの説明

● **A que horas** 何時に ア　キ　オーラス	
● **o avião** 飛行機　※「フライト」は voo オ アヴィアウン	
● **partir para 〜** 〜に出発する パルチール　パラ	
● **Às 〜** 〜時に アス	
● **horas** 時〔複数形〕 オーラス	
● **minutos** 分〔複数形〕 ミヌートス	
● **Em que** どこの エン　キ	
● **portão** ゲート ポルタウン	
● **a gente vai** 私たちが〜する ア　ジェンチ　ヴァイ	
● **embarcar** 搭乗する エンバルカール	
● **No** em ＋ o ノ	
● **número** 番号 ヌメロ	

四季		Track-77
春　a primavera	ア　プリマヴェーラ	
夏　o verão	オ　ヴェラウン	
秋　o outono	オ　オートーノ	
冬　o inverno	オ　インヴェルノ	

「〜は〜でした」の表現

「リオデジャネイロはブラジルの首都でした」

O Rio de Janeiro foi capital do Brasil.

オ　ヒオ　ジ　ジャネイロ　フォイ　カピタウ　　ド　　ブラジウ

　この文の主語 O Rio de Janeiro の O は定冠詞です。例外
はありますが、ブラジルなどの国名には定冠詞がつきます。

（例えば o Brasil や o Japão など）

　都市名には定冠詞はつきませんが、リオデジャネイロには
つきます。

　foi は、2日目で学習した動詞 ser の3人称単数過去形です。

　do は、「"〜の"を意味する de ＋ブラジルに付く定冠詞 o」
です。

　植民期においてはサルヴァドールが首都でした。

基本文法㉕

動詞 ser「～である」の過去形

	人称代名詞	動詞 ser の過去形
私	eu エウ	fui フイ
君	tu トゥ〔ポルトガル〕	foste フォステ
あなた 彼 彼女 私たち	você ヴォセー ele エーリ ela エーラ a gente ア ジェンチ〔ブラジルの話し言葉〕	foi フォイ
私たち	nós ノース	fomos フォモス
あなたたち 彼ら 彼女ら	vocês ヴォセース eles エーリス elas エーラス	foram フォラン

　動詞 ir「行く」の過去形も同じ形ですから、注意しましょう。

右ページの単語をあてはめて言ってみましょう！
（ポルトガル語のスクリプトは p.215 に掲載）

～ foi ～ .
「～は、～でした」

● コンサートは、良かった。

● 映画は、おもしろかった。

● 彼女は、感じが良かった。

● 服は、（値段が）高かった。

関連単語を覚えよう！ Track 79

O concerto foi bom.　コンサートは、良かった。
オ　　コンセルト　フォイ　ボン

O filme foi interessante.　映画は、おもしろかった。
オ　フィウミ フォイ　　インテレサンチ

Ela foi simpática.　彼女は、感じが良かった。
エーラ フォイ　　シンパチカ

A roupa foi cara.　服は、値段が高かった。
ア　　ホーパ　フォイ　カーラ

ブラジリア行きの飛行機の中で、アナとミゲルがブラジル
の首都について話しています。

アナ　：O Rio de Janeiro foi capital do Brasil.
　　　　　オ　ヒオ　ジ　ジャネイロ　フォイ　カピタウ　ド　ブラジウ

ミゲル：Agora é Brasília.
　　　　　アゴーラ　エ　ブラジーリア

訳

アナ　：リオデジャネイロはブラジルの首都だったのね。

ミゲル：今は、ブラジリアさ。

実践フレーズの説明

● **foi**　〜であった　※ここでは動詞 ser の過去形
　フォイ

● **capital**　首都
　カピタウ

● **do**　de + o
　ド

● **agora**　今、現在
　アゴーラ

● **Brasília**　ブラジリア〔ブラジルの首都〕
　ブラジーリア

ミニ知識

　荒涼としていた大地に新しい首都ブラジリアを設計したのは、建築家オスカー・ニーマイヤーです。ブラジル特に沿岸部が発展したので、ブラジルの中心地に首都をおき、求心力を求めようとしたようです。

　歴史的に、リオデジャネイロでは、一般市民の動乱のほか、海軍がリオデジャネイロに向けて艦砲射撃をしたこともあります。現在でも、心の熱い市民がデモを行うと、一部は暴徒化し破壊活動を行うことがあります。

　内陸に首都を移したほうが政府中枢機能にとっては安全であったのかもしれません。

「私は、とてもよく〜できる」の表現

○ Track 81

「私は、とてもよく見える」
Eu consigo **ver** muito bem.
エウ　コンシーゴ　ヴェール ムイント　ベン

　consigo は、動詞 conseguir ［コンセギール］「なし遂げる、成功する、できる」の1人称単数の活用です。あとに動詞の原形がくることがあります。ここでは動詞 ver ［ヴェール］「見る、わかる」がきているので、「見える」となります。

　muito bem は「とても良く」ですね。

基本文法㉖

動詞 conseguir「なし遂げる、成功する、できる」の現在形
の活用

	人称代名詞	動詞 conseguir の現在形の活用
私	eu エウ	consigo コンシーゴ
君	tu トゥ 〔ポルトガル〕	consegues コンセーゲス
あなた 彼 彼女 私たち	você ヴォセー ele エーリ ela エーラ a gente ア ジェンチ 〔ブラジルの話し言葉〕	consegue コンセーギ
私たち	nós ノース	conseguimos コンセギーモス
あなたたち 彼ら 彼女ら	vocês ヴォセース eles エーリス elas エーラス	conseguem コンセーゲン

右ページの単語をあてはめて言ってみましょう！

（ポルトガル語のスクリプトは p.215 に掲載）

Eu consigo 〜 muito bem.
「私は、とても良く〜できます」

● 私は（とても良く）ポルトガル語を話すことができます。

● 私は（とても良く）ポルトガル語を書くことができます。

● 私は（とても良く）理解することができます。

● 私は（とても良く）機械を操作することができます。

関連単語を覚えよう！   Track 82

26
日目

● **falar português** （とても良く）ポルトガル語を話す
　ファラール　ポルトゥゲース

● **escrever português** （とても良く）ポルトガル語を書く
　エスクレヴェール　ポルトゥゲース

● **entender** （とても良く）理解する
　エンテンデール

● **manobrar máquinas** （とても良く）機械を操作する
　マノブラール　　　マキナス

アナとミゲルが、着陸前に飛行機の窓からブラジリアの町を眺めています。

ミゲル：Este avião vai aterrissar no aeroporto
　　　　エスチ　アヴィアウン　ヴァイ　アテヒサール　ノ　アエロポルト

　　　　daqui a dez minutos.
　　　　ダキー　ア　デス　ミヌトス

　　　　Ufa! Você consegue ver a cidade de
　　　　ウファ　ヴォセー　コンセギ　ヴェール　ア　シダージ　ジ

　　　　Brasília?
　　　　ブラジリア

アナ　：Sim, eu consigo ver muito bem.
　　　　シン　エウ　コンシーゴ　ヴェール　ムイント　ベン

　　　　É uma cidade muito moderna.
　　　　エ　ウーマ　シダージ　ムイント　モデルナ

訳

ミゲル：この飛行機は今から10分後に空港に着陸するよ。

　　　　おお！　ブラジリアの町が見える？

アナ　：うん、とてもよく見えるわ。

　　　　とても近代的な町だわ。

184

実践フレーズの説明

● vai aterrissar　着陸するだろう
　　ヴァイ　　アテヒサール

● no　em＋o
　　ノ

● aeroporto　空港
　　アエロポルト

● daqui a ～　今から～後に
　　ダキー　ア

● dez minutos　10分
　　デス　　ミヌトス

● Ufa　あ～　〔びっくりしたり疲れたときに、ため息を出す感じの言葉〕
　　ウファ

● Você consegue ver　あなたは見えますか？
　　ヴォセー　　コンセギ　　ヴェール

● a cidade de Brasília　ブラジリアの町
　　ア　シダージ　ジ　　ブラジリア

● eu consigo ver　私は見える
　　エウ　コンシーゴ　ヴェール

● moderna　近代的な
　　モデルナ

序数				Track-83	
第1	primeiro	プリメイロ	第6	sexto	セスト
第2	segundo	セグンド	第7	sétimo	セッチモ
第3	terceiro	テルセイロ	第8	oitavo	オイターヴォ
第4	quarto	クアルト	第9	nono	ノーノ
第5	quinto	キント	第10	décimo	デッシモ

※形容詞としても使われるので、性数変化があります。

　例えば「第1」は、1º とか 1ª と表記されることがあります。
「第2」であれば、2º や 2ª となります。

「〜が紛失しました」の表現

○ Track 84

「私のバックが紛失しました」
A minha mala está perdida.
ア　ミーニャ　マーラ　エスター　ペルジーダ

A minha mala が主語で、「私のバッグ、荷物」の意味です。
動詞 está は状態を表すもので、原形は estar ですね。

perdida は、形容詞で「失われた」という意味です。per-dida は動詞 perder「失う」の過去分詞でもあります。主語の名詞の性と数にしたがって、perdidas となったり、perdido, perdidos と変化することがあります。

ここでは、形容詞にもなる過去分詞を学習します。

基本文法㉗

動詞の過去分詞の例

comprar「買う」、vender「売る」、discutir「議論する」

	男性単数	男性複数	女性単数	女性複数
〔-ar 動詞〕 **comprar** コンプラール 「買う」	comprado コンプラード	comprados コンプラードス	comprada コンプラーダ	compradas コンプラーダス
〔-er 動詞〕 **vender** ヴェンデール 「売る」	vendido ヴェンジード	vendidos ヴェンジードス	vendida ヴェンジーダ	vendidas ヴェンジーダス
〔ir 動詞〕 **discutir** ジスクチール 「議論する」	discutido ジスクチード	discutidos ジスクチードス	discutida ジスクチーダ	discutidas ジスクチーダス

独自の形をもつものの例

abrir「開ける」、pagar「支払う」

	男性単数	男性複数	女性単数	女性複数
abrir アブリール 「開ける」	aberto アベルト	abertos アベルトス	aberta アベルタ	abertas アベルタス
pagar パガール 「支払う」	pago パーゴ	pagos パーゴス	paga パーガ	pagas パーガス

右ページの単語をあてはめて言ってみましょう！

（ポルトガル語のスクリプトは p.216 に掲載）

～ está perdida/o.
「～が紛失した」

● 私のパスポートが紛失しました。

● 私の財布が紛失しました。

● 私のお金が紛失しました。

● 私のコンピューターが紛失しました。

● 私のクレジットカードが紛失しました。

関連単語を覚えよう！ Track 85

● **o meu passaporte**　私のパスポート
　オ　メウ　　　パサポルチ

● **a minha carteira**　私の財布
　ア　ミーニャ　　カルテイラ

● **o meu dinheiro**　私のお金
　オ　メウ　　ジニェイロ

● **o meu computador**　私のコンピューター
　オ　メウ　　　コンプタドール

● **o meu cartão de crédito**　私のクレジットカード
　オ　メウ　　カルタウン　ジ　クレージト

189

どうやら、アナの荷物が出てこないようです。

ミゲル：Ainda não vem a sua mala?
アインダ　ナウン　ヴェン　ア　スア　マーラ

　　　　Demora muito, né?
デモーラ　　ムイント　　ネ

アナ　：Parece que a minha mala está perdida.
パレシ　　キ　ア　ミーニャ　マーラ　エスター　ペルジーダ

　　　　Onde é o balcão de informação?
オンジ　エ　オ　バウカウン　ジ　インフォルマサウン

訳

ミゲル：まだ、荷物来ないの？

　　　　ずいぶん遅いね。

アナ　：私の荷物は紛失したみたい。

　　　　インフォメーションカウンターはどこかしら？

実践フレーズの説明

Ainda まだ
アインダ

não vem 来ない ※ vem の動詞原形は vir「来る」
ナウン ヴェン

a sua mala あなたのバッグ、荷物
ア スア マーラ

Demora 遅れる ※動詞原形は demorar
デモーラ

Parece que 〜 〜のようだ、〜に見える
パレシ キ

a minha mala 私のバッグ、荷物
ア ミーニャ マーラ

está perdida 紛失した
エスター ペルジーダ
※主語が男性形のときは語尾が -o となります。

Onde é 〜? 〜はどこですか？
オンジ エー

o balcão de informação インフォメーションカウンター
オ バウカウン ジ インフォルマサウン

191

「～だろうか？」の表現

◯ Track 87

「まにあうだろうか？」
Será que dá tempo?

セラ　　キ　　ダー　テンポ

　Será que で「～だろうか？」を表します。será は動詞 ser の未来形です。

　dá tempo で「時間がある」「まにあう」などを表します。dá の原形は dar「与える、実行、実現する、可能である」です。Dá の 1 語で「可能であること」を表現することが会話ではよくあります。

　ここでは未来形の活用語尾を学習します。

基本文法㉘

未来形の活用※

動詞 ser と動詞 fazer の活用

人称代名詞	動詞 ser の 未来形の活用	動詞 fazer の 未来形の活用
私	serei　セレイ	farei　ファレイ
君	serás　セラース	farás　ファラス
あなた 彼 彼女 私たち	será　セラー	fará　ファラー
私たち	seremos　セレーモス	faremos　ファレーモス
あなたたち 彼ら 彼女ら	serão　セラウン	farão　ファラウン

※動詞 fazer の現在形や過去形の活用は不規則です。

サンパウロ・コンゴーニャス
空港（著者撮影）

右ページの単語をあてはめて言ってみましょう！
（ポルトガル語のスクリプトは p.216 に掲載）

Será que ～ ?
「～だろうか？」

● ストがあるだろうか？

● タクシーがあるだろうか？

● 私はサッカーの試合を見られるだろうか？

● この時間にレストランが開いているだろうか？

194

関連単語を覚えよう！

● **tem greve**　ストがある
テン　グレーヴィ

● **tem táxi**　タクシーがある
テン　タクシー

● **eu consigo assistir ao jogo de futebol**
エウ　コンシーゴ　アシスチール　アオ　ジョゴ　ジ　フチボウ

私はサッカーの試合を見る

＊ assistir a 〜（試合などを）見る

＊「試合」は、o jogo のほかに a partida とも言います。

● **o restaurante está aberto nessa hora**
オ　ヘスタウランチ　エスター　アベルト　ネッサ　オーラ

この時間にレストランが開いている

＊ nessa hora　この時間に

サッカーについて

「決勝戦」は final

「準決勝」は semi final

「3 位決定戦」は decisão de terceiro lugar

アナは、空港で荷物が出てこなくて、着替えのことを心配
しているようです。

アナ：A funcionária disse: "A gente vai　enviar
　　　 ア　　フンシオナリア　　　ジッシ　　　ア　ジェンチ　ヴァイ　エンヴィアール

　　　 a mala para o hotel."
　　　 ア　マーラ　パラ　オ　オテウ

　　　 Mas, será que dá tempo para eu trocar a
　　　 マス　セラ　キ　ダー　テンポ　　パラ　エウ　トロカール　ア

　　　 roupa?
　　　 ホウパ

　　　 Eu estou preocupada...
　　　 エウ　エストー　　プレオクパーダ

訳

アナ：職員が言ったのは「私たちがホテルに荷物を送り
　　　 ます」。
　　　 でも、私が服を着替えるのに間に合うのかしら？
　　　 心配だわ。

実践フレーズの説明

- **A funcionária** （女性の）職員
  ア　　フンシオナリア

- **disse** 言った　※原形は dizer
  ジッシ

- **A gente** 私たち
  ア　ジェンチ

- **vai enviar** 送るでしょう
  ヴァイ エンヴィアール

- **a mala** 荷物
  ア　マーラ

- **para o hotel** ホテルに
  パラ　オ　オテウ

- **Mas** でも
  マス

- **será que 〜** 〜だろうか
  セラ　キ

- **dá tempo** 間に合う
  ダー　テンポ

- **para 〜** 〜するために
  パラ

- **trocar a roupa** 服を着替える
  トロカール ア　ホウパ

- **estou preocupada** 私は心配している
  エストー　　プレオクパーダ
  ※男性が主語であれば estou preocupado

「あなたは～ができるでしょう」の表現

Track 90

> 「あなたは、ツカーノを見られるよ」
> **Você poderá ver tucanos.**
> ヴォセー　ポデラー　ヴェール　ツカーノス

poderá は、動詞 poder「（状況的に）可能である、～かもしれない」の未来形です。

tucanos は鳥のことです。

サンパウロの交番（著者撮影）

基本文法㉙

未来形の活用

動詞 poder「(状況的に) 可能である、〜かもしれない」の活用

	人称代名詞	動詞 poder の 未来形の活用
私	eu エウ	poderei ポデレイ
君	tu トゥ 〔ポルトガル〕	poderás ポデラース
あなた 彼 彼女 私たち	você ヴォセー ele エーリ ela エーラ a gente ア ジェンチ 〔ブラジルの話し言葉〕	poderá ポデラー
私たち	nós ノース	poderemos ポデレーモス
あなたたち 彼ら 彼女ら	vocês ヴォセース eles エーリス elas エーラス	poderão ポデラウン

199

右ページの単語をあてはめて言ってみましょう！

（ポルトガル語のスクリプトは p.216 に掲載）

Você poderá 〜 .
「あなたは〜ができるでしょう」

- あなたは<u>フロントで</u><u>地図をもらう</u>ことができるでしょう。

- あなたは<u>店の前で</u><u>タクシーに乗る</u>ことができるでしょう。

- あなたは<u>数日の休暇をとる</u>ことができるでしょう。

- あなたは<u>交番で</u><u>たずねる</u>ことができるでしょう。

関連単語を覚えよう！　Track 91

● pegar um mapa na recepção
ペガール　ウン　マーパ　ナ　ヘセピサウン
フロントで地図をもらう

● pegar um táxi em frente à loja
ペガール　ウン　タクシ　エン　フレンチ　ア　ロージャ
店の前でタクシーに乗る

● tirar alguns dias de folga　数日の休暇をとる
チラール　アウグンズ　ジーアス　ジ　フォウガ

● perguntar no posto policial　交番でたずねる
ペルグンタール　ノ　ポスト　ポリシアウ

豊かな動物が見れる大湿原パンタナルを訪れました。

ミゲル：No Pantanal, você poderá ver tucanos.
ノ　　　パンタナウル　　　ヴォセー　　　ポデラー　ヴェール　ツカノース

アナ　：Eu já vi nas fotos e nos desenhos.
エウ ジャヴィ ナス　フォトス イ　ノス　　デゼーニョス

　　　　Eu queria tirar fotos agora.
エウ　　ケリーア　チラール フォトス　アゴーラ

訳

ミゲル：パンタナルでは、ツカーノが見られるよ。

アナ　：私はもう写真やイラストで見たことがあるよ。

　　　　今回は、写真を撮りたいな。

実践フレーズの説明

● No em + o
ノ

● Pantanal　パンタナル
　パンタナウル　〔地名。草原、湿地帯、森に多様な動物が棲息
　　　　　　　　することで有名〕

● você poderá ver　あなたは見られる
　ヴォセー　ポデラー　ヴェール

● Eu já vi　私はもう見た　※ vi は動詞 ver「見る」の過
　エウ ジャ ヴィ　　　　　　　　去形

● nas fotos　写真で
　ナス　フォトス

● nos desenhos　イラストで、絵で
　ノス　デゼーニョス

● Eu queria 〜　私は〜したいのだが
　エウ　ケリーア

● tirar fotos　写真を撮る
　チラール フォトス

● agora　今、今回
　アゴーラ

「私は、〜の夢をもっていました」の表現

Track 93

「私は、夢をもっていました」
Eu tinha o sonho.
エウ　チニャ　オ　ソーニョ

　tinha は「持っていた」の意味で、動詞 ter「持っている」の半過去形です。半過去形は「〜していた」を表わします。

コパカバーナ海岸（著者撮影）

204

基本文法㉚

ter, saber の活用

	動詞 ter の 半過去形の活用	動詞 saber の 現在形の活用
私	tinha チニャ	sei セイ
君	tinhas チニャス	sabes サビス
あなた 彼 彼女 私たち	tinha チニャ	sabe サビ
私たち	tínhamos チニャモス	sabemos サベモス
あなたたち 彼ら 彼女ら	tinham チニャン	sabem セベン

　動詞 saber（知っている）のあとに動詞原形がくると「能力的可能（～できる）」の表現になります。

例

私はポルトガル語を話せます。　Eu sei falar português.
エウ　セイ　ファラール　ポルトゥゲース

幸運を祈る表現　　　　　　　　　　　　　　**Track-93**

Boa sorte!　幸運あれ！
ボア　ソルチ

Boa viagem!　良い旅行を！
ボア　ヴィアージェン

205

右ページの単語をあてはめて言ってみましょう！

（ポルトガル語のスクリプトは p.216 に掲載）

Eu tinha o sonho de ～ .
「私は～の夢をもっていました」

● 私はリオデジャネイロに行く夢をもっていました。

● 私はドイツ車を買う夢をもっていました。

● 私はサンパウロで働く夢をもっていました。

● 私はイグアスの滝を訪れる夢をもっていました。

関連単語を覚えよう！　

- **ir para o Rio de Janeiro**　リオデジャネイロに行く
  イール　パラ　オ　ヒオ　ジ　ジャネイロ

- **comprar um carro alemão**　ドイツ車を買う
  コンプラール　ウン　カーホ　アレマウン

- **trabalhar em São Paulo**　サンパウロで働く
  トゥラバリャール　エン　サン　パウロ

- **visitar as Cataratas de Iguaçu**　イグアスの滝を
  ヴィジタール　アス　カタラタス　ジ　イグアス　　　　訪れる

アナが自分の抱いていた夢について話します。

アナ ： Quando criança, eu tinha o sonho de
クアンド　　クリアンサ　エウ　チニャ　オ　ソーニョ　ジ

viajar　para Lisboa.
ヴィアジャール　パラ　リズボア

ミゲル： Você poderá realizar o sonho.
ヴォセー　　ポデラー　　ヘアリザール　オ　ソーニョ

アナ ： Eu sei!
エウ　セイ

Agora eu vou realizar!
アゴラ　エウ　ヴォー　ヘアリザール

訳

アナ ：子供のとき、リスボンに旅行する夢があったの。

ミゲル：夢を実現できるよ。

アナ ：わかっているわ！

これから実現するのよ！

実践フレーズの説明

30
日目

Quando criança　子供のとき クアンド　　クリアンサ	
eu tinha o sonho　夢を持っていた エウ　チニャ　オ　ソーニョ	
viajar　para 〜　〜に旅する ヴィアジャール　　パラ	
Lisboa　リスボン〔ポルトガルの首都〕 リズボア	
Você poderá 〜　あなたは〜できるでしょう ヴォセー　　ポデラー	
Eu sei ※　私は、わかる（知っている）※原形 saber エウ　セイ	
realizar　実現する ヘアリザール	

209

1 日目 (p32)

Até este hotel, por favor.
Até este restaurante, por favor.
Até este prédio, por favor.
Até esta rua, por favor.
Até esta casa, por favor.
Até o aeroporto de Guarulhos, por favor.
Até a Avenida Paulista, por favor.
Até aqui, por favor.

2 日目 (p38)

É muito longe daqui?
É muito perto daqui?
É muito gostoso?
É muito caro?
É muito barato?
É muito legal?

3 日目 (p44)

Onde é o banheiro?
Onde é o elevador?
Onde é a farmácia?
Onde é o hospital?
Onde é o ponto de táxi?
Onde é o ponto de ônibus?
Onde é a estação de metrô?
Onde é o restaurante?
Onde é o caixa?

4 日目 (p50)

Tem um mapa?
Tem dinheiro?
Tem troco?

Tem trocado?
Tem cartão de crédito?
Tem passaporte?
Tem um jogo de futebol?
Tem alguma vaga?

5 日目 (p56)

Eu quero beber.
Eu quero experimentar.
Eu quero visitar.
Eu quero descansar.
Eu quero ir para o hospital.
Eu quero ir para o aeroporto.
Eu quero comprar.
Eu quero sair.

6 日目 (p62)

Eu posso entrar?
Eu posso usar isso?
Eu posso pagar com este cartão?
Eu posso tirar fotos aqui?
Eu posso perguntar uma coisa?
Eu posso fazer check in?
Eu posso fazer check out?

7 日目 (p68)

Você pode trabalhar, por favor?
Você pode fazer desconto, por favor?
Você pode descansar, por favor?
Você pode terminar o trabalho, por favor?
Você pode lavar estas roupas, por favor?
Você pode dirigir mais devagar, por favor?
Você pode trocar, por favor?
Você pode esperar, por favor?

8 日目 (p74)
Eu estou com dor de <u>cabeça</u>.
Eu estou com dor de <u>olho</u>.
Eu estou com dor de <u>garganta</u>.
Eu estou com dor de <u>ombros</u>.
Eu estou com dor de <u>estômago</u>.

9 日目 (p80)
O que você me <u>cozinha</u>?
O que você me <u>prepara</u>?
O que você me <u>fala</u>?
O que você me <u>escreve</u>?
O que você me <u>dá</u>?
O que você me <u>diz</u>?
O que você me <u>faz</u>?

10 日目 (p86)
Vamos para <u>a escola</u>?
Vamos para <u>a fábrica</u>?
Vamos para <u>o escritório</u>?
Vamos para <u>a companhia</u>?
Vamos <u>tomar café da manhã</u>.
Vamos <u>almoçar</u>.

11 日目 (p92)
Eu tenho que <u>fazer chamada</u>.
Eu tenho que <u>cumprimentar</u>.
Eu tenho que <u>levar os produtos</u>.
Eu tenho que <u>entregar os documentos</u>.
Eu tenho que <u>checar</u>.
Eu tenho que <u>viajar</u>.

12 日目 (p98)
Você gosta de <u>trabalhar</u>?
Você gosta <u>da comida japonesa</u>?
Você gosta de <u>passear pela praia</u>?

Eu gosto muito daquela moça.
Eu gosto muito de comer.
Eu gosto muito de estudar português.

13 日目 (p104) Você precisa pedir férias.
Você precisa treinar.
Você precisa tomar cuidado.
Você precisa conversar com o chefe.
Você precisa começar já.
Você precisa telefonar.

14 日目 (p110) Quantos minutos leva?
Quantas horas leva?
Quantos dias leva?
Quantas semanas leva?
Quantos meses leva?
Quantos anos leva?

15 日目 (p116) Eu estou comendo.
Eu estou tomando chuveiro.
Eu estou cozinhando.
Eu estou pensando.
Eu estou trabalhando.
Eu estou estudando.

16 日目 (p122) Hoje eu estou doente.
Hoje eu estou muito bem.
Hoje eu estou feliz.
Hoje eu estou alegre.
Hoje eu estou triste.
Hoje eu estou contente.

17 日目 (p128) Parece muito frio.
Parece muito quente.
Parece muito gostoso.
Parece muito alegre.
Parece muito difícil.
Parece muito fácil.

18 日目 (p134) Eu entendo japonês.
Eu entendo inglês.
Eu entendo português.
Eu não entendo espanhol.
Eu não entendo alemão.

19 日目 (p140) Eu devo fazer regime.
Eu devo trabalhar bem.
Eu devo estudar bem.
Eu devo respeitar as leis.
Eu devo passar no exame.

20 日目 (p146) Você conhece o Brasil?
Você conhece Portugal?
Você conhece um bom restaurante japonês?
Você conhece aquela pessoa?
Você conhece o Carnaval do Rio?

21 日目 (p152) Como é o jardim zoológico?
Como é o jardim botânico?
Como é a sua namorada?
Como é o seu namorado?
Como é o seu trabalho?

Como é <u>o seu estudo</u>?

22 日目 (p158) Eu gostei muito de <u>conhecer vocês</u>.
Eu gostei muito de <u>conversar com vocês</u>.
Eu gostei muito de <u>trabalhar com vocês</u>.
Eu gostei muito <u>do jantar</u>.

23 日目 (p164) Eu vou <u>visitar o Brasil</u>.
Eu vou <u>trabalhar no Brasil</u>.
Eu vou <u>trabalhar com brasileiros</u>.
Eu vou <u>aprender português</u>.
Eu vou <u>comprar um carro</u>.

24 日目 (p170) A que horas <u>o ônibus vai chegar</u>?
A que horas <u>o restaurante vai abrir</u>?
A que horas <u>o museu vai fechar</u>?
A que horas <u>a gente vai partir do hotel</u>?
A que horas <u>vai começar</u>?
A que horas <u>vai terminar</u>?

25 日目 (p176) <u>O concerto</u> foi <u>bom</u>.
<u>O filme</u> foi <u>interessante</u>.
<u>Ela</u> foi <u>simpática</u>.
<u>A roupa</u> foi <u>cara</u>.

26 日目 (p182) Eu consigo <u>falar português</u> muito bem.
Eu consigo <u>escrever português</u> muito bem.
Eu consigo <u>entender</u> muito bem.
Eu consigo <u>manobrar máquinas</u> muito bem.

27 日目 (p188) O meu <u>passaporte</u> está perdido.
A minha <u>carteira</u> está perdida.
O meu <u>dinheiro</u> está perdido.
O meu <u>computador</u> está perdido.
O meu <u>cartão de crédito</u> está perdido.

28 日目 (p194) Será que <u>tem greve</u>?
Será que <u>tem táxi</u>?
Será que <u>eu consigo assistir ao jogo de futebol</u>?
Será que <u>o restaurante está aberto nessa hora</u>?

29 日目 (p200) Você poderá <u>pegar um mapa na recepção</u>.
Você poderá <u>pegar um táxi em frente à loja</u>.
Você poderá <u>tirar alguns dias de folga</u>.
Você poderá <u>perguntar no posto policial</u>.

30 日目 (p206) Eu tinha o sonho de <u>ir para o Rio de Janeiro</u>.
Eu tinha o sonho de <u>comprar um carro alemão</u>.
Eu tinha o sonho de <u>trabalhar em São Paulo</u>.
Eu tinha o sonho de <u>visitar as Cataratas de Iguaçu</u>.

文法補遺

主語の省略

　主語にしたがって動詞が活用（変化）します。（主観的になりますが）主語が明らかと思われる場合は主語が省略されます。

　「私は日本人（男性）です」という例文の場合は以下のように主語が省略されて動詞から始まることがあります。

Eu sou japonês.
Sou japonês.

　英語の仮の主語 it に相当するものがなく、動詞から始まることがあります。

Chove muito hoje.　　　「今日は雨がよく降る」
Está muito frio.　　　　「とても寒い」

定冠詞

　親しみを込めて人名の前につけることがあります。

O Pedro está aqui?　　　「ペドロ君はここにいますか」

性・数の一致

　名詞には、男性と女性があり、単数と複数がありますので、冠詞、形容詞、指示詞、所有詞なども主語にしたがっ

て男性、女性、単数、複数と変化します。これを《性・数の一致》と言います。

Este é o meu carro japonês. 「これは私の日本車です」
この文が複数になりますと、次のようになります。
Estes são os meus carros japoneses.

名詞が女性形の例文を見てみましょう。

Esta é a minha boneca brasileira.
「これは私のブラジル製人形です」
この文が複数になりますと、次のようになります。
Estas são as minhas bonecas brasileiras.

形容詞

名詞の後ろに置きますが、前につけると主観的に強調します。また単語によっては意味が違ってきます。

o homem grande 「大きな男」
o grande homem 「偉大な男」

副詞

-o で終わる形容詞を -a に変えて -mente をつけると副詞になります。また、natural「自然の」などはそのまま -mente をつけます。

受け身

受け身は【動詞 ser の活用＋過去分詞】です。

O assunto é discutido por eles.「その件は彼らによって議論されます」

【動詞 estar ＋形容詞（過去分詞を含む)】は状態を表すので、違いに注意しましょう。

O livro está esgotado.「その本は品切れです」

関係詞

que や onde は関係詞としても用いられます。

A carne de frango que eu comprei é do Brasil.
「私が買った鶏肉はブラジル産だ」

O estádio de Maracanã onde a gente esteve ontem é muito grande.
「昨日、私たちが行ったマラカナンスタジアムはとても大きい」

ブラジルポルトガル語（PB）と
ヨーロッパポルトガル語（PE）の違い

　ポルトガル、モザンビーク、アンゴラなどのポルトガル語圏（PE）とブラジル（PB）における主な口語表現の違いについて。[1]

人称代名詞　主格形 [2]

　PB では 2 人称単数 tu, 2 人称複数 vós が消滅し、você と vocês となりました。とはいえ、tu は北部パラー州の他、南部サンタ・カタリーナ州やリオ・グランデ・ド・スル州などで使われています。そのまま PE で使われている 2 人称の動詞活用をつなげたり、3 人称単数をつなげたりして使用されている地域やグループがあります。

所有詞 [3]

　PB では、PE の 2 人称単数の所有詞 teu の代わりに seu が、PE の 3 人称単数の所有詞 seu の代わりに dele などが使われていますが、teu などは広い範囲で使用され続けています。PE の 2 人称複数 vosso は使用されずに de vocês などのようになっています。

指示詞 [4]

　PE の指示詞 este, esse, aquele は、PB では este が使

用されなく esse と aquele などとなっています。

人称代名詞　斜格形[5]（目的語）

a）PE の lhe や o などはあまり使われなく、PB では lhe
は para + ele、o は ele などで代用されます。

　例えば「私はそのチョコレートを買って、彼に渡す」o
chocolate の目的格代名詞に注目しましょう。

　PE: Eu compro-o. Eu dou-lhe o chocolate.

　PB: Eu compro ele. Eu dou o chocolate para ele.

b）PB では無強勢形与格（間接目的語「〜に」）、無強勢形
対格（直接目的語「〜を」）ともに、me（私に、私を）、te（君
に・あなたに、君を・あなたを）が使用されます。

　〈与格〉　Ele me mostra o documento.
　　　　　「彼は私に文書を見せる」
　〈対格〉　Ele me leva para o aeroporto.
　　　　　「彼は私を空港に連れて行く」
　〈与格〉　Eu te mostro o documento.
　　　　　「私はあなたに文書を見せる」
　　　　　PE では te の代わりに lhe.
　〈対格〉　Eu te levo para o aeroporto.＊
　　　　　「私はあなたを空港に連れて行く」
　　　　　＊この場合、PE では te の代わりに o または a が

使われます。te はかなり親しい間柄での使用になります。

　動詞では PE の 1 人称複数 nós につながる動詞活用が消滅し、PB では a gente が 3 人称単数の動詞活用につながって用いられます。ただし、PB の文語（書き言葉）において nós は未だに残っています。

　ブラジル以外のポルトガル語圏のどこにおいても規範は PE の文語文法が柱になります。法律やお役所の文書などの硬い文語表現の他に、ブラジルの教養層はかなり PE の文語規範を守っています。独特な規範もありますが PE 寄りと独自 PB との間に揺れがあります。

注

1）Castilho, Ataliba T. de Castilho ; Elias, Vanda Maria : Pequena Gramática do Português Brasileiro, Editora Contexto, São Paulo, 2011. pp.447-448. 参照。
2）日本語用語については、彌永史郎『ポルトガル語四週間』大学書林、2011 年。136-141 頁。
3）日本語用語については（以下同じ）、前掲書、114-115 頁。
4）前掲書、112 頁。
5）前掲書、136-141 頁。

日本語から引ける
ポルトガル語ミニ辞典

あいさつする	cumprimentar / saudar	クンプリメンタール / サウダール
アイスクリーム	sorvete(PB)/gelado(PE)	ソルヴェッチ / ジェラード
開いた	aberto	アベルト
会う	encontrar / ver	エンコントラール / ヴェール
青い	azul	アズゥ
赤い	vermelho	ヴェルメーリョ
明るい	claro	クラーロ
赤ワイン	vinho tinto	ヴィーニョ チント
秋	outono	オートーノ
開く	abrir	アブリール
アクセス	acesso	アセッソ
朝	manhã	マニャン
足	perna / pé〔主に足首から下〕	ペルナ / ペー
明日	amanhã	アマニャン
あそこ	ali	アリー
与える	dar	ダール
頭	cabeça	カベッサ
新しい	novo	ノーヴォ
熱い、暑い	quente	ケンチ

アットマーク	arroba	アホーバ
アドバイスする	aconselhar	アコンセリャール
あなた	você / o senhor（男性）（主に PE）/ a senhora（女性）（主に PE）	ヴォセー / オ セニョール / ア セニョーラ
あなたたち	vocês / os senhores（男性）/ as senhoras（女性）	ヴォセース / オス セニョーレス / アス セニョーレス
あの / あれ	aquele / aquela / aquilo	アケーリ / アケーラ / アキーロ
あの人	aquela pessoa	アケーラ ペッソア
雨	chuva	シューヴァ
雨が降る	chover	ショヴェール
洗う、洗濯する	lavar	ラヴァール
ありがとう	obrigado（男性）/ obrigada（女性）	オブリガード / オブリガーダ
ある	ter / haver	テール / アヴェール
歩いて、徒歩で	a pé	アペー
アルバイト	biscate / bico	ビスカッチ / ビッコ
暗証番号	senha	セーニャ

い

胃	estômago	エストーマゴ
いいえ	não	ナウン

言う	dizer	ジゼール
家	casa	カーザ
生きる	viver	ヴィヴェール
行く	ir	イール
いくらですか?	Quanto é? / Quanto custa?	クアント エー / クアント クスター
居酒屋	barzinho / boteco（主にリオデジャネイロ）	バールジーニョ / ボテッコ
医者	médico	メディコ
椅子	cadeira（背もたれ付き）/ banco	カデイラ / バンコ
急ぎ	pressa	プレッサ
痛み	dor	ドール
イタリア料理	comida italiana	コミーダ イタリアーナ
位置する、とどまる	ficar	フィカール
市場	mercado	メルカード
いつ	quando	クアンド
言った	disse	ジッシ
いつも	sempre	センプリ
今	agora	アゴーラ
インターネット	internet	インテルネッチ
インフォメーション（カウンター）	(balcão de)informação	（バウカウン ジ）インフォルマサウン

う

ウエイター	garçom	ガルサウン
ウエイトレス	garçonete	ガルソネッチ
受け取る、もらう	pegar / receber	ペガール / ヘセベール
失う	perder	ペルデール
美しい	belo / bonito / lindo	ベーロ / ボニート / リンド
海	mar	マール
売る	vender	ヴェンデール
運転する	dirigir（PB）/ conduzir（PE）	ジリジール / コンドゥジール

え

絵（デザイン、イラスト）	desenho	デゼーニョ
エアコン	ar condicionado	アール コンジシオナード
営業所	posto / agência / estabelecimento	ポスト / アジェンシア / エスタベレシメント
英語	inglês	イングレース
駅	estação	エスタサウン
エレベーター	elevador	エレヴァドール
円〔通貨〕	iene	イエニ
延着	chegada atrasada	シェガーダ アトゥラザーダ

227

お

おいしい	gostoso / saboroso / delicioso	ゴストーゾ / サボローゾ / デリシオーゾ
オイル	óleo	オレオ
大きい	grande	グランジ
大通り	avenida	アヴェニーダ
お菓子	doce	ドッシ
お金	dinheiro	ジニェイロ
置く	pôr / colocar	ポール / コロカール
送る	enviar / mandar	エンヴィアール / マンダール
遅れる	demorar / atrasar	デモラール / アトラザール
おじ	tio	チオ
おつり	troco	トロッコ
男の子	moço(PB)/menino(PE)	モッソ / メニーノ
訪れる	visitar	ヴィジタール
おととい	anteontem	アンチオンテン
おば	tia	チア
覚える	aprender	アプレンデール
お土産	lembrança	レンブランサ
重い	pesado	ペザード
思う	achar	アシャール

泳ぐ	nadar	ナダール
オレンジ（色の）	laranja	ラランジャ
オレンジジュース	suco de laranja（PB）/ sumo de laranja（PE）	スーコ ジ ラランジャ / スーモ ジ ラランジャ
終わり	fim / término	フィン / テルミノ
終わる	terminar / acabar	テルミナール / アカバール
女の子	moça（PB）/menina（PE）	モッサ / メニーナ

か

絵画	quadro	クアドロ
会議	reunião	ヘウニアウン
解雇	demissão	デミッサウン
外国	país estrangeiro	パイース エストランジェイロ
外国人	estrangeiro	エストランジェイロ
会社	companhia / empresa / firma	コンパニーア / エンプレーザ / フィルマ
買い物	compras	コンプラス
買い物をする	fazer compras	ファゼール コンプラス
買う	comprar	コンプラール
カウンター	balcão	バウカウン
鍵	chave	シャーヴィ
書く	escrever	エスクレヴェール

傘	guarda-chuva / chapéu	グアルダ シューヴァ / シャペウ
火事、火災	incêndio / fogo	インセンジオ / フォーゴ
風	vento	ヴェント
風が吹く	ventar	ヴェンタール
風邪をひいた	resfriado(PB) / constipado(PE)	ヘスフリアード / コンスチパード
家族	família	ファミーリア
家族手当	subsídio familiar / auxílio-família	スブジジオ ファミリアール / アウシリオ ファミリア
肩	ombros	オンブロス
硬い	duro	ドゥーロ
学校	escola	エスコーラ
合併	fusão	フザウン
家電	eletrodomésticos	エレトロドメスチコス
悲しい	triste	トゥリスチ
金持ちの	rico	ヒッコ
可能な	possível	ポシーヴェウ
彼女	ela	エーラ
彼女たち	elas	エーラス
彼女の	dela / seu(s) / sua(s)	デーラ / セウ(ス) / スア(ス)
紙ナプキン	guardanapo de papel	グアルダナーポ ジ パペウ
カメラ	câmera	カメラ

火曜日	terça-feira	テルサ フェイラ
軽い	ligeiro / leve	リジェイロ / レーヴィ
彼の	dele / seu(s)/sua(s)	デーリ / セウ(ス)/ スア(ス)
彼ら	eles	エーリス
かわいそうな	coitado	コイタード
変わる	mudar / alterar	ムダール / アウテラール
考える	pensar	ペンサール
感じがいい	simpático	シパチコ
勘定	conta	コンタ
感じる	sentir	センチール
簡単な	fácil	ファシウ
缶ビール	cerveja em lata	セルヴェージャ エン ラータ

き

キオスク	quiosque / banca	キオスキ / バンカ
機械	máquina	マキナ
起業家	empreendedor	エンプレエンデドール
聞く	ouvir	オーヴィール
気候	clima	クリーマ
北	norte	ノルチ
期待する	esperar / desejar	エスペラール / デゼジャール

記入する	preencher	プレエンシェール
厳しい	duro	ドゥーロ
基本給	salário-base	サラーリオ バージ
君(PE)	tu(PE)	トゥ
君の	teu(s)/ tua(s)	テウ(ス)/ トゥア(ス)
休暇	dias de folga	ジアス ジ フォウガ
休暇 (を申請する)	(pedir)férias	(ペジール)フェリアス
休暇をとる	tirar alguns dias de folga	チラール アウグンズ ジアス ジ フォウガ
救急車	ambulância	アンブランシア
休憩する	descansar	デスカンサール
求人	oferta de trabalho	オフェルタ ジ トラバーリョ
牛肉	carne de boi(PB)/ carne de vaca(主にPE)	カルニ ジ ボイ / カルネ デ ヴァーカ
給料	salário / ordenado	サラーリオ / オルデナード
給料日	dia de pagamento	ジア ジ パガメント
今日	hoje	オージ
教会	igreja	イグレージャ
教師	professor	プロフェソール
興味深い	interessante	インテレサンチ
許可	licença / autorização	リセンサ / アウトリザサウン

緊急	emergência	エメルジェンシア
銀行	banco / caixa	バンコ / カイシャ
金曜日	sexta-feira	セスタフェイラ

く

グアルーリョス空港	aeroporto de Guarulhos	アエロポルト ジ グアルーリョス
空席	(alguma)vaga	(アウグマ)ヴァーガ
空腹	fome	フォーミ
薬	remédio	ヘメージオ
果物	fruta	フルータ
口	boca	ボーカ
靴	sapatos	サパートス
靴下（ストッキング）	meias	メイアス
国	país	パイース
首	pescoço	ペスコーソ
曇り	nublado	ヌブラード
暗い	escuro	エスクーロ
グラス	taça	タッサ
来る	vir	ヴィール
車	carro / automóvel	カーホ / アウトモーヴェウ

クレジットカード	cartão de crédito	カルタウン ジ クレージト
黒の	preto	プレート

け

経営者	administrador	アジミニストラドール
警察	polícia	ポリーシア
警察官	policial / polícia	ポリシアウ / ポリーシア
警察署	delegacia de polícia(PB)/ esquadra(PE)	デレガシーア ジ ポリーシア / エスカードラ
軽食堂	lanchonete	ランショネッチ
携帯電話	celular(PB)/ telemóvel(PE)	セルラール / テレモーヴェル
契約	contrato	コントラート
経理	contabilidade	コンタビリダージ
ケーキ	bolo	ボーロ
けがをする	ferir-se / machucar-se	フェリール シ / マシュカール シ
景色	panorama / paisagem	パノラーマ / パイザージェン
月給	salário mensal	サラーリオ メンサウ
決勝戦	final	フィナウ
月曜日	segunda-feira	セグンダ フェイラ
下痢	diarreia	ジアヘイア
現金で	em dinheiro	エン ジニェイロ

こ

恋人	namorado(a)	ナモラード(ダ)
コイン	moeda	モエーダ
公園	parque	パルキ
交換する	trocar / substituir	トロカール / スブスチトゥイール
航空会社	companhia aérea	コンパニーア アエレア
工事中	em obras	エン オブラス
公衆電話	orelhão / telefone público / cabine(PE)	オレリャウン / テレフォニ ププリコ / カビーネ
控除	dedução	デドゥサウン
交渉	negociação	ネゴシアサウン
工場	fábrica	ファブリカ
抗生物質	antibiótico	アンチビオチコ
交代制	turno	トゥルノ
強盗する	roubar	ホーバール
交番	posto policial	ポスト ポリシアウ
コーヒー	café	カフェー
コーヒーカップ	xícara de café	シカラ ジ カフェー
子会社	filial / companhia associada / subsidiária	フィリアウ / コンパニーア アソシアーダ / スブシジアリア
国営の	estatal	エスタタウ

国際線	voo internacional / linha internacional	ヴォー インテルナシオナウ / リーニャ インテルナシオナウ
国内線	voo doméstico / linha doméstica	ヴォー ドメスチコ / リーニャ ドメスチカ
ここ	aqui	アキー
ここから	daqui	ダキー
小銭	trocado	トロカード
コップ	copo	コーポ
子供	criança	クリアンサ
この / これ	este / esta / isto	エスチ / エスタ / イスト
米	arroz	アホス
ごめんなさい	desculpe	デスクウピ
雇用する	empregar	エンプレガール
こんばんは	boa noite	ボア ノイチ
コンピューター	computador	コンプタドール

さ

最近	recentemente	へセンチメンチ
最初に	primeiro	プリメイロ
最低賃金	salário-mínimo	サラーリオ ミニモ
サイト	site	サイチ
財布	carteira	カルテイラ

採用	admissão / emprego / contratação	アジミッサウン / エンプレーゴ / コントラタサウン
探す	buscar / procurar	ブスカール / プロクラール
左遷	afastamento	アファスタメント
サッカーの試合	jogo / partida de futebol	ジョーゴ / パルチーダ ジ フチボウ
砂糖	açúcar	アスーカル
様々な	vários	ヴァリオス
寒い	frio	フリーオ
さようなら	até logo / tchau / até mais	アテー ロゴ / チャウ / アテー マイス
サラダ	salada	サラーダ
残業	hora extra	オーラ エストラ
残業手当	pagamento de hora extra	パガメント ジ オーラ エストラ
サンドイッチ	sanduíche	サンドゥイーシ
残念	pena	ペーナ
散歩する	passear	パシアール

し

幸せな	feliz	フェリース
塩	sal	サウ
塩辛い	salgado	サウガード

しかし	mas	マス
時間	hora / tempo	オーラ / テンポ
時間がかかる	leva ~ / demora ~	レヴァ / デモーラ
支給	pagamento / distribuição（分配）	パガメント / ジストゥリブイサウン
至急	urgência	ウルジェンシア
時給	salário-hora	サラーリオ オーラ
支給額	quantia paga	クアンチア パーガ
試験に合格する	passar no exame	パッサール ノ エザーミ
事故	acidente	アシデンチ
仕事	trabalho	トゥラバーリョ
支社	sucursal / filial	スクルサウ / フィリアウ
辞職	pedido de demissão	ペジード ジ デミッサウン
地震	terremoto / sismo / terramoto（主にPE）	テヘモト / シズモ / テラモト
自然	natureza	ナトゥレーザ
下請け	subcontrato	スブコントラート
失業者	desempregado	デゼンプレガード
失業手当	auxílio-desemprego / pensão de desemprego	アウシーリオ デゼンプレゴ / ペンサウン ジ デゼンプレゴ
実現する	realizar	ヘアリザール
自転車	bicicleta	ビシクレータ

支払う	pagar	パガール
紙幣	nota	ノータ
閉まった	fechado	フェッシャード
閉まる	fechar	フェッシャール
事務所	escritório	エスクリトーリオ
事務机	secretaria	セクレタリーア
写真を撮る	tirar fotos	チラール フォトス
社長	presidente	プレジデンチ
ジャム	geleia	ジェレイア
シャワー （を浴びる）	(tomar)chuveiro	（トマール）シュヴェイロ
週	semana	セマーナ
週給	salário semanal	サラーリオ セマナウ
週休二日制	semana de cinco dias úteis	セマーナ ジ シンコ ジーアス ウテイス
従業員	empregado	エンプレガード
住所	endereço / morada	エンデレッソ / モラーダ
ジュース	suco(PB)/ sumo(PE)	スーコ / スーモ
自由な	livre	リブリ
週末	fim de semana	フィン ジ セマーナ
重要な	importante	インポルタンチ
授業	aula	アウラ

首相	primeiro ministro	プリメイロ ミニストロ
受信	recepção(PB)/ receção(PE)	ヘセピサウン / レセサウン
出産休暇	licença-maternidade	リセンサ マテルニダージ
出発	partida	パルチーダ
出発する	partir	パルチール
首都	capital	カピタウ
準決勝	semi final	セミ フィナウ
準備する	preparar	プレパラール
使用	uso	ウーゾ
省	ministério	ミニステーリオ
乗客	passageiro	パサジェイロ
正午に	ao meio-dia	アオ メイオ ジーア
上司(と話す)	(conversar com)chefe	(コンヴェルサール コン) シェフィ
昇進	promoção	プロモサウン
使用する	usar	ウザール
承諾する	aceitar	アセイタール
消防士	bombeiro	ボンベイロ
証明書	certificado / atestado	セルチフィカード / アテスタード
職員	funcionário / empregado	フンシオナーリオ / エンプレガード

食事	refeição	ヘフェイサウン
食欲	apetite / vontade de comer	アペチッチ / ヴォンタージ ジ コメール
女性	mulher	ムリェール
ショッピングゼンター	shopping center(PB)/ centro comercial(PE)	ショッピング センテール / セントロ コメルシアル
書類入れカバン	pasta	パスタ
知らない	Eu não sei.	エウ ナウン セイ
知る	saber〔技能、知識〕/ conhecer〔人、場所など〕	サベール / コニェセール
白い	branco	ブランコ
白ワイン	vinho branco	ヴィーニョ ブランコ
心臓	coração	コラサウン
心配した	preocupado	プレオクパード

す

酢	vinagre	ヴィナグリ
水曜日	quarta-feira	クアルタ フェイラ
スーツ	terno	テルノ
スーパーマーケット	supermercado	スペルメルカード
スープ	sopa	ソッパ
スカート	saia	サイア

過ぎた	passado	パッサード
すぐに	já / imediatamente / brevemente	ジャ / イメジアタメンチ / ブレヴィメンチ
少し	um pouco	ウン ポーコ
勧める	recomendar	ヘコメンダール
スタジアム	estádio	エスタージオ
素敵な	legal	レガウ
すでに	já	ジャ
ストライキ	greve	グレーヴィ
スパゲッティ	espaguete	エスパゲッチ
スプーン	colher	コリェール
すべて	tudo	トゥード
スポーツ	esporte(PB)/ desporto(PE)	エスポルチ / デスポルト
ズボン	calças	カウサス
住む	morar / viver	モラール / ヴィヴェール
スリッパ	chinelos	シネーロス
する	fazer	ファゼール
座る	sentar-se	センタール シ

せ

正社員	empregado formal	エンプレガード フォルマウ

製品	produto / artigo	プロドゥート / アルチーゴ
世界遺産	Patrimônio da Humanidade	パトリモニオ ダ ウマニダージ
センターヴォ〔レアルの100分の1の単位〕	centavo	センターヴォ
洗濯	lavagem	ラヴァージェン

そ

送信	envio / emissão / transmissão	エンヴィオ / エミッサウン / トランスミッサウン
早い	cedo	セード
ソース	molho	モーリョ
そして	e	イ
その / それ	esse / essa / isso	エッシ / エッサ / イッソ
その後	depois	デポイス

た

ダース（12）	dúzia	ドゥジア
ダイエットをする	fazer regime / fazer dieta	ファゼール ヘジーミ / ファゼール ジエッタ
大学	universidade	ウニヴェルシダージ
大使館	embaixada	エンバイシャーダ

退職	aposentadoria(PB)/ reforma(主にPE)	アポゼンタドリーア / レフォルマ
退職金	gratificação paga por ocasião da aposentadoria	グラチフィカサウン パーガ ポル オカジアウン ダ アポゼンタドリーア
大好き	adorar	アドラール
大統領	presidente	プレジデンチ
台所	cozinha	コジーニャ
台風	tufão	トゥファウン
タイムカード	cartão de ponto	カルタウン ジ ポント
ダウンロードする	baixar	バイシャール
たくさんの	muito	ムイント
タクシー	táxi	タクシ
タクシーに乗る	pegar um táxi	ペガール ウン タクシ
タクシー乗り場	ponto de táxi(PB)/ praça de táxi(PE)	ポント ジ タクシ / プラッサ デ タクシ
助けて!	Socorro!	ソコーホ
助ける	ajudar	アジュダール
尋ねる	perguntar	ペルグンタール
建物	prédio	プレージオ
建てる	construir	コンストゥルイール
楽しい	alegre	アレグリ
頼む	pedir	ペジール

タバコを吸う	fumar	フマール
旅	viagem	ヴィアージェン
旅をする	viajar / fazer viagem	ヴィアジャール / ファゼール ヴィアージェン
食べ物	comida	コミーダ
食べる	comer	コメール
試す	experimentar / provar	エスペリメンタール / プロヴァール
だれ	quem	ケン
炭酸入り水	água com gás	アグア コン ガス
炭酸なし水	água sem gás	アグア セン ガス
単身赴任（者）	pessoa com o emprego longe da família	ペッソア コン オ エンプレーゴ ロンジ ダ ファミリア
男性	homem	オメン

ち

小さい	pequeno	ペケーノ
チーム	equipe / time / equipa（主にPE）	エキッピ / チミ / エキッパ
チェックアウトする	fazer check out	ファゼール チェック アウチ
チェックインする	fazer check in	ファゼール チェック イン
チェックする	checar（PB）/ verificar（PE）	シェカール / ヴェリフィカール

近い	perto	ペルト
地下鉄	metrô(PB)/ metro(politano)(PE)	メトロ / メトロポリターノ
チケット売り場	bilheteria(PB)/ bilheteira(PE)	ビリェテリーア / ビリェテイラ
地図	mapa	マーパ
父	pai	パイ
茶	chá	シャー
茶色の	marrom(PB)/ castanho(主にPE)	マホン / カスターニョ
チャット	bate-papo	バッチ パッポ
注意	atenção	アテンサウン
注射する	dar injeção	ダール インジェサウン
駐車する	estacionar	エスタシオナール
昼食	almoço	アウモッソ
昼食をとる	almoçar	アウモッサール
朝食	café da manhã(PB)/ pequeno-almoço(PE)	カフェー ダ マニャン / ペケーノ アルモッソ
朝食をとる	tomar café da manhã(PB) / tomar pequeno-almoço (PE)	トマール カフェー ダ マニャン / トマール ペケーノ アルモッソ
チョコレート	chocolate	ショコラッチ
賃上げ	aumento de salário	アウメント ジ サラーリオ

つ

使う	usar	ウザール
次の	próximo	プロッシモ
次の日	dia seguinte	ジーア セギンチ
都合	disponibilidade	ジスポニビリダージ
都合の良い	disponível	ジスポニーヴェウ
つまみ	salgado(主にPB)	サウガード
冷たい	gelado	ジェラード
強い	forte	フォルチ

て

手	mão	マウン
手当	gratificação	グラチフィカサウン
テイクアウト	para viagem	パラ ヴィアージェン
ディスカウントする	fazer desconto	ファゼール デスコント
テーブル	mesa	メーザ
出かける	sair	サイール
出稼ぎ労働者	trabalhador migrante	トラバリャドール ミグランチ
出来上がった、準備できた	pronto	プロント
できる	poder	ポデール

デザート	sobremesa	ソブレメーザ
手数料	comissão	コミッサウン
手取り	salário líquido	サラーリオ リキド
テラス	terraço	テハッソ
点	ponto	ポント
天気	tempo	テンポ
点呼する	fazer chamada	ファゼール シャマーダ
伝言	recado	ヘカード
電車	trem(PB)/ comboio(PE)	トレン / コンボイオ
転職	mudança de emprego	ムダンサ ジ エンプレーゴ
電子レンジ	forno de micro-ondas	フォルノ ジ ミクロ オンダス
添付ファイル	arquivo anexo / ficheiro acompanhado	アルキーヴォ アネクソ / フィシェイロ アコンパニャード
電話	telefone	テレフォーニ
電話をする	telefonar	テレフォナール

と

ドア	porta	ポルタ
トイレ	banheiro(PB)/ casa de banho(PE)	バニェイロ / カーザ デ バーニョ
搭乗ゲート	portão de embarque	ポルタウン ジ エンバルキ

どうぞ	por favor（PB）/ faz favor（PE）	ポル ファヴォール / ファシュ ファヴォール
到着	chegada	シェガーダ
到着する	chegar	シェガール
頭髪	cabelo	カベーロ
同僚	colega	コレーガ
遠い	longe	ロンジ
通り	rua	フーア
時	tempo	テンポ
時計	relógio	ヘロージオ
どこ	onde	オンジ
ところで	a propósito	ア プロポジト
戸棚（ロッカー）	armário	アルマーリオ
とても	muito	ムイント
隣の	vizinho	ヴィジーニョ
どのくらいの	quanto	クアント
どのように	como	コモ
止まる	parar	パラール
止まれ！	pare!	パーリ
友達	amigo	アミーゴ
土曜日	sábado	サバド

ドライクリーニング	lavagem a seco	ラヴァージェン ア セーコ
鶏肉	carne de frango	カルニ ジ フランゴ
どれ	qual	クアウ
泥棒	ladrão	ラドラウン

な

内線	ramal / extensão（主に PE）	ハマウ / エステンサウン
ナイトクラブ	boate	ボアッチ
ナイフ	faca	ファーカ
なぜならば	porque	ポルキ
夏	verão	ヴェラウン
何	o que	オ キ
何か	alguma coisa	アウグマ コイザ
生の	cru / crua	クル クルア
生ビール	chope〔PB〕/imperial〔リスボン〕/ fino〔リスボン以北、アンゴラ、モザンビーク〕	ショッピ / インペリアル / フィーノ
何日	quantos dias	クアントス ジーアス
何カ月	quantos meses	クアントス メーゼス
何時間	quantas horas	クアンタス オーラス
何週間	quantas semanas	クアンタス セマーナス
何年	quantos anos	クアントス アーノス

何分	quantos minutos	クアントス ミヌートス

に

西	oeste	オエスチ
煮た	cozido / cozinhado	コジード / コジニャード
日曜日	domingo	ドミンゴ
日給	salário diário	サラーリオ ジアーリオ
日本語	japonês	ジャポネース
日本料理	comida japonesa / prato japonês	コミーダ ジャポネーザ / プラート ジャポネース
日本料理店	restaurante japonês	ヘスタウランチ ジャポネース
日本人女性	japonesa	ジャポネーザ
日本人男性	japonês	ジャポネース
庭	jardim	ジャルジン

ぬ

盗む	furtar	フルタール

ね

ネクタイ	gravata	グラヴァータ
値段	preço	プレッソ

熱	febre	フェブリ
寝る	dormir	ドルミール

	の	
喉	garganta	ガルガンタ
飲み物	bebida	ベビーダ
飲む	beber	ベベール

	は	
歯	dente	デンチ
パーティー （お祭り）	festa	フェスタ
パートの	de período parcial	ジ ペリーオド パルシアウ
バール	bar	バール
はい	sim	シン
パイ	empanada(PB)/ empada(PE)	エンパナーダ / エンパーダ
灰色の	cinza	シンザ
入る	entrar	エントラール
爆発	explosão	エスプロザウン
運ぶ	levar	レヴァール
始める	começar	コメッサール

バス	ônibus(PB)/ autocarro(PE)	オニブス / アウトカーロ
パスタ	massa	マッサ
バスタブ	banheira	バニェイラ
バス乗り場	ponto de ônibus(PB)/ paragem de autocarro(PE)	ポント ジ オニブス / パラージェン デ アウトカーロ
パスポート	passaporte	パサポルチ
バスルーム	banheiro	バニェイロ
パスワード	senha / código pessoal	セーニャ / コジゴ ペッソアウ
バター	manteiga	マンテイガ
働く(仕事する)	trabalhar	トラバリャール
バッグ	mala	マーラ
花	flor	フロール
鼻	nariz	ナリーズ
話し中の	ocupado	オクパード
話す	falar	ファラール
バナナ	banana	バナーナ
母	mãe	マンイ
速い	rápido	ハピド
春	primavera	プリマヴェーラ
晴れ	sol / bom tempo	ソウ / ボン テンポ
パン	pão	パウン

番号	número	ヌメロ
半分	meio	メイオ
パン屋	padaria	パダリーア

ひ

ビール	cerveja	セルヴェージャ
東	leste	レスチ
飛行機	avião	アヴィアウン
美術館	museu	ムゼウ
秘書	secretária	セクレターリア
左に	à esquerda	ア エスケルダ
人	pessoa	ペッソア
美容院	salão de beleza	サラウン ジ ベレーザ
病院	hospital	オスピタウ
費用がかかる	custar	クスタール
病気の	doente	ドエンチ
ビル	edifício	エジフィシオ
ピンク色の	rosa	ホーザ
瓶ビール	cerveja em garrafa	セルヴェージャ エン ガハッファ

ふ

ヴァケーション	férias	フェリアス
フェイジョアーダ〔黒豆とご飯の料理〕	feijoada	フェイジョアーダ
フォーク	garfo	ガルフォ
不可能な	impossível	インポシーヴェウ
服	roupa	ホーパ
腹痛	dor de barriga	ドール ジ バヒーガ
袋	saco	サーコ
豚肉	carne de porco	カルニ ジ ポルコ
冬	inverno	インヴェルノ
フライト、便	voo	ヴォー
ブラジリア	Brasília	ブラジーリア
ブラジル	Brasil	ブラジウ
プラットフォーム	plataforma	プラタフォルマ
フランス料理	comida francesa	コミーダ フランセーザ
古い	velho	ヴェーリョ
フレックスタイム	horário flexível	オラーリオ フレクシーヴェウ
フロント	recepção(PB)/ receção(PE)	レセピサウン / レセサウン
分	minuto	ミヌート
分割（払い）	parcelado / dividido / partilhado	パルセラード / ジヴィジード / パルチリャード

紛失した	perdido	ペルジード
文書	documento	ドクメント

へ		
ベッド	cama	カーマ
部屋	quarto	クアルト
勉強	estudo	エストゥード
勉強する	estudar	エストゥダール
便秘	prisão de ventre	プリザウン ジ ヴェントゥリ

ほ		
宝石店	joalheria(PB)/ joalharia(PE)	ジョアリェリーア / ジョアリャリーア
ボーナス	bônus / décimo terceiro salário	ボヌス / デッシモ テルセイロ サラーリオ
ほかの	outro	オートロ
保険	seguro	セグーロ
欲しい	querer	ケレール
募集	recrutamento	ヘクルタメント
ホテル	hotel	オテウ
ポルトガル語	português	ポルトゥゲース
ポルトガル	Portugal	ポルトガウ

本	livro	リーヴロ
本社	matriz / sede（主にPE）	マトリース / セージ
本棚	estante	エスタンチ

ま

枕	travesseiro	トラヴェッセイロ
まだ	ainda	アインダ
街	cidade	シダージ
待つ	esperar / aguardar	エスペラール / アグアルダール
窓	janela	ジャネーラ
満席の	lotado	ロタード

み

右に	à direita	ア ジレイタ
水	água	アグア
店	loja	ロージャ
見つける	achar / descobrir	アシャール / デスコブリール
緑の	verde	ヴェルジ
南	sul	スウ
見る	ver	ヴェール

| ミルク | leite | レイチ |
| 民営の | privado | プリヴァード |

む

向こう	lá	ラー
難しい	difícil	ジフィーシウ
息子	filho	フィーリョ
娘	filha	フィーリャ
胸	peito	ペイト

め

目	olho	オーリョ
メール	e-mail	イーメーユ
メールアドレス	endereço de e-mail	エンデレッソ ジ イーメーユ
メッセージ	mensagem	メンサージェン
メニュー	cardápio, menu(PB)/ ementa(PE)	カルダーピオ メヌ / エメンタ
メロン	melão	メラウン

も

| 目的 | objetivo | オブジェチーボ |

木曜日	quinta-feira	キンタ フェイラ
もしもし	alô / está, estou (PE)	アロー / エスター エストー
もちろん	claro	クラーロ
持つ、ある	ter	テール
持ってくる	trazer	トラゼール
もっと、ずっと	mais	マイス

や

薬品	medicamento	メジカメント
薬物	droga	ドロッガ
優しい	gentil	ジェンチウ
薬局	farmácia	ファルマーシア
柔らかい	macio	マシーオ

ゆ

夕食 (を食べる)	jantar	ジャンタール
郵便局	correio (PB) / correios (PE)	コヘイオ / コヘイオス
有名な、知られた	famoso / conhecido	ファモーゾ / コニェシード
ユーロ〔通貨〕	euro	エウロ
雪が降る	nevar	ネヴァール

夢	sonho	ソーニョ

よ

呼ぶ	chamar	シャマール
読む	ler	レール
夜	noite	ノイチ
弱い	fraco	フラーコ

り

リスト	lista	リスタ
両替	câmbio	カンビオ
領事館	consulado	コンスラード
両親	pais	パイス
料理する	cozinhar	コジニャール
旅客機	avião de passageiros	アヴィアウン ジ パサジェイロス
離陸する	decolar	デコラール
リンゴ	maçã	マサウン

れ

レアル〔通貨〕	real	ヘアウ
冷蔵庫	geladeira(PB)/ frigorífico(PE)	ジェラデイラ / フルゴリーフィコ

レート	taxa de câmbio	タッシャ ジ カンビオ
レジ	caixa	カイシャ
レストラン	restaurante	ヘスタウランチ
レッスン	lição	リサウン
連絡する	contatar	コンタタール

ろ

労働時間	horário de trabalho	オラーリオ ジ トラバーリョ

わ

ワイン	vinho	ヴィーニョ
ワイングラス	taça de vinho	タッサ ジ ヴィーニョ
わかる （理解する）	entender / compreender / perceber(PE)	エンテンデール / コンプレエンデール / ペルセベール
私	eu	エウ
私たち	nós	ノース
私たち〔話し言葉〕	a gente	ア ジェンチ
私たちの	nosso(s)/ nossa(s)	ノッソ(ス)/ ノッサ(ス)
私の	meu(s)/ minha(s)	メウ(ス)/ ミーニャ(ス)
渡す	entregar	エントレガール
悪い	mau / ruim	マウ / フイン

著者

浜岡究（はまおか・きわむ）

目白大学外国語学部非常勤講師。株式会社東京外国語センター講師。
主な著書：『たったの72パターンでこんなに話せるポルトガル語会話』『ポルトガル語が1週間でいとも簡単に話せるようになる本』（以上、明日香出版社）他多数。

新版 はじめてのポルトガル語

2024年6月24日　初版発行

著　者	浜岡究
発行者	石野栄一
発　行	明日香出版社
	〒112-0005 東京都文京区水道2-11-5
	電話 03-5395-7650
	https://www.asuka-g.co.jp
カバーデザイン	清原一隆（KIYO DESIGN）
カバーイラスト	本田亮
本文イラスト	藤島つとむ
印刷・製本	株式会社フクイン

たったの 72 パターンで
こんなに話せる台湾語会話

「～はどう？」「～だといいね」など、決まった基本パターンを使い回せば、台湾語で言いたいことが言えるようになります！ 好評既刊の『72パターン』シリーズの基本文型をいかして、いろいろな会話表現が学べます。

本体価格 1800 円＋税　B6 変型　〈224 ページ〉　2015/09 発行　978-4-7569-1794-2

たったの 72 パターンで
こんなに話せる韓国語会話

日常会話でよく使われる基本的なパターン（文型）を使い回せば、韓国語で言いたいことが言えるようになります！ まず基本パターン（文型）を理解し、あとは単語を入れ替えれば、いろいろな表現を使えるようになります。

本体価格 1800 円＋税　B6 変型　〈216 ページ〉　2011/05 発行　978-4-7569-1461-3

たったの 72 パターンで
こんなに話せるポルトガル語会話

「～はどう？」「～だといいね」など、決まった基本パターンを使い回せば、ポルトガル語は必ず話せるようになる！ これでもうフレーズ丸暗記の必要ナシ。言いたいことが言えるようになります。

本体価格 1800 円＋税　B6 変型　〈224 ページ〉　2013/04 発行　978-4-7569-1620-4